看图学打麻将

·精编视频学习版·

爱林博悦 编著

人民邮电出版社

北 京

图书在版编目（CIP）数据

看图学打麻将 : 精编视频学习版 / 爱林博悦编著
. -- 北京 : 人民邮电出版社，2023.9（2024.5重印）
ISBN 978-7-115-61844-3

Ⅰ. ①看… Ⅱ. ①爱… Ⅲ. ①麻将—图解 Ⅳ.
①G892-64

中国国家版本馆CIP数据核字(2023)第117414号

免 责 声 明

作者和出版商都已尽可能确保本书技术上的准确性以及合理性，并特别声明，不会承担由于使用本出版物中的材料而遭受的任何损伤所直接或间接产生的与个人或团体相关的一切责任、损失或风险。

内 容 提 要

麻将是一种传统的博弈游戏，深受大众的喜爱。当朋友聚会时，除了喝茶、聊天，很多人喜欢同朋友一起玩麻将。作为娱乐休闲活动，麻将可以给我们的生活增添许多乐趣。

本书针对麻将初学者，以图解的方式详细讲解了麻将的基础入门知识，以及理牌、舍牌、吃牌、碰牌、杠牌和听牌等实用技巧，并对麻将常见的花型、术语和牌谱词汇进行了介绍。本书语言通俗易懂，案例丰富，能够帮助读者轻松理解并掌握麻将赢牌技巧，快速从菜鸟变成麻将高手。

◆ 编　　著　爱林博悦
　　责任编辑　裴　倩
　　责任印制　彭志环

◆ 人民邮电出版社出版发行　　北京市丰台区成寿寺路 11 号
　　邮编　100164　电子邮件　315@ptpress.com.cn
　　网址　https://www.ptpress.com.cn
　　涿州市般润文化传播有限公司印刷

◆ 开本：880×1230　1/32
　　印张：6.5　　　　　　　　2023 年 9 月第 1 版
　　字数：99 千字　　　　　　2024 年 5 月河北第 3 次印刷

定价：25.00 元

读者服务热线：(010) 81055296　印装质量热线：(010) 81055316
反盗版热线：(010) 81055315
广告经营许可证：京东市监广登字 20170147 号

目　录

第一章　麻将基础入门

第二章　麻将常见的花和型

第三章　麻将实战技巧

第四章　麻将常用术语和牌谱词汇

扫码回复"61844视频"，
获取随书视频。

第一章

麻将基础入门

麻将的组成和分类

一般来说，麻将由 136 张牌组成，分为 5 类：饼子牌、条子牌、万字牌、风牌和三元牌。有些地区的麻将还多 8 张花牌，即春、夏、秋、冬、梅、兰、竹、菊，各一张，总共 144 张牌。另外，一副麻将中还有 2 个必不可少的骰子。

◎ **饼子牌** 有 9 种不同的饼子，分别是从一饼到九饼，每种有 4 张相同的牌，共 36 张。

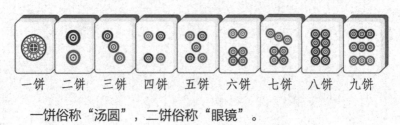

一饼 二饼 三饼 四饼 五饼 六饼 七饼 八饼 九饼

一饼俗称"汤圆"，二饼俗称"眼镜"。

◎ **条子牌** 有 9 种不同的条子，分别是从一条到九条，每种有 4 张相同的牌，共 36 张。

一条 二条 三条 四条 五条 六条 七条 八条 九条

一条俗称"幺鸡"，二条俗称"鼓槌"。

◎ **万字牌**　有9种不同的万子，分别是从一万到九万，每种有4张相同的牌，共36张。

一万　二万　三万　四万　五万　六万　七万　八万　九万

◎ **风牌**　风牌由4种组成，分别是东风、南风、西风和北风，每种有4张相同的牌，一共有16张。

东风　南风　西风　北风

◎ **三元牌**　三元牌是指中、发、白3种，通常称这3种牌为红中、发财、白板，每种有4张相同的牌，一共有12张。

红中　发财　白板

◎ **骰子**　一副麻将中有2个骰子，一个骰子6个面，每个面分别是1～6个的点。

骰子

玩家的一手牌是多少张

　　玩麻将时，每个玩家一手牌的数量是 13 张，和牌后是 14 张。和牌后的基本牌型是 1 组两张相同的将牌（对子），以及 4 个基本组合（也称 4 坎牌），每个基本组合可以是 3 张牌相连的顺子或 3 张牌相同的刻子。

三万与四、五万组合成相连的顺子，所以当自己摸到三万或其他玩家打三万时，就可以和牌。

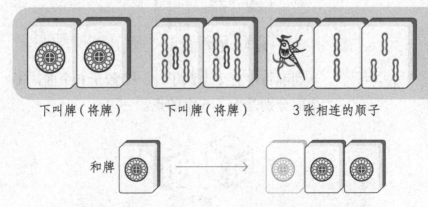

3 个一饼组成 3 张相同的刻子，此时一对五条作将牌。

玩牌时如果有杠，4 个相同的牌算一个基本组合，每杠一次，玩家手中的牌的数量会增加 1 张。

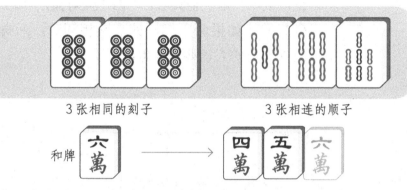

3 张相同的刻子　　　　　　3 张相连的顺子

六万与四、五万组合成相连的顺子，所以当自己摸到六万或其他玩家打六万时，就可以和牌。

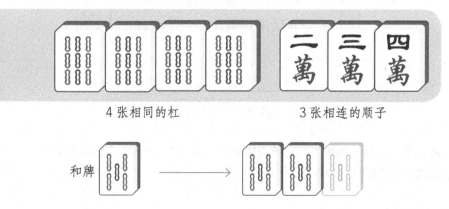

4 张相同的杠　　　　　　3 张相连的顺子

3 张五条组成 3 张相同的刻子，此时一对一饼做将牌。

开局时定位的方法

　　玩麻将时 4 个人需要先确定各自的座位，即"定位"，也叫"搬庄"。常见的定位方法有点数法、骰点法和摸风法 3 种。

◎ **点数法**　用两枚骰子，每人掷一次，按点数大小逆时针排座次，最大数为"东"，可自行选择座位，依次"南"坐其右，"西"坐对面，"北"坐其左。如果两人掷骰的点数相同时，后掷出该点数的人需要重新再掷一次。

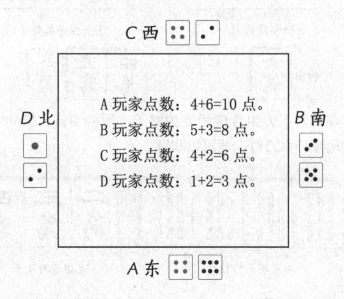

A 玩家点数最大为东，可自行选择座位，B、C、D 玩家点数依次减少，位置按照逆时针方向入座。

◎ **骰点法** 用两枚骰子，每人掷一次，"5、9"点的为东，坐原位不动；"2、6、10"点的为南，坐在东的右方；"3、7、11"点为西，坐在东的对面；"4、8、12"为北，坐在东的左方。如果两人掷骰的点数代表的方位相同时，后掷出该点数的人需要重新再掷一次。

A 西

D 北

A 玩家点数：4+3=7 点。

B 玩家点数：3+3=6 点。

C 玩家点数：4+5=9 点。

D 玩家点数：3+5=8 点。

B 南

C 东

A 玩家 7 点为西，B 玩家 6 点为南，C 玩家 9 点为东，D 玩家 8 点为北。所以 C 玩家原位置不动，其余玩家按照各自方位入座。

◎ **摸风法** 取"东、南、西、北"4 种牌各一张，扣下搅乱洗开，每人可随意摸一张，东的位置不变，南、西、北逆时针坐定。

定位时的东、南、西、北方位和地理位置中的方位东、南、西、北没有关系。

7

开局时定庄的方法

当4个玩家确定位置后，需要确定开局时谁是庄家，定庄的方法也很多，可以通过骰子点数的大小以及骰子点数确定的方位来确定。

◎ **通过点数大小定庄**

（1）4个玩家分别同时将2个骰子在桌子中间随意掷一次，然后记下骰子正面朝上的两个面的点数之和。

（2）点数最大的玩家为开局的庄家。

（3）如果前两名的点数相同，相同点数的玩家再掷一次骰子，点数大的为庄家。

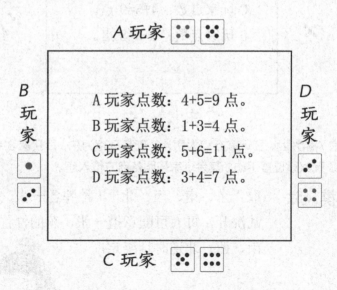

A玩家点数：4+5=9点。

B玩家点数：1+3=4点。

C玩家点数：5+6=11点。

D玩家点数：3+4=7点。

C玩家点数最大，所以开局时C玩家是庄家。

◎ **通过点数确定的位置定庄**

　　（1）通常多由坐东位的人掷骰一次，两骰点相加。

　　（2）按此数点从东开始逆时针数，数到谁，谁即为庄家。

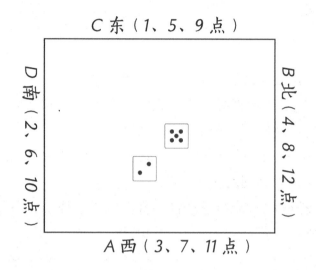

C 东（1、5、9 点）

D 南（2、6、10 点）

B 北（4、8、12 点）

A 西（3、7、11 点）

　　（1）C 玩家是东家，掷的骰子点数是 7。

　　（2）按照逆时针数，7 点为 A 玩家，所以 A 为庄家。

　　（1）如果是和亲朋好友玩麻将，我们也可随便坐，并让老者、尊长坐庄。

　　（2）如果庄家和牌，将接着坐庄；如果是其余玩家和牌，由南家坐庄，依次按照东、南、西、北轮流坐庄，4 家均做一次庄称为"一圈"，4 圈为"一局"。

麻将的洗牌和砌牌

玩麻将时，如果不是自动麻将机，我们需要洗牌和砌牌。

◎ 洗牌

砌牌前需要先洗牌，方法和注意事项如下。

（1）将全部麻将牌反扣过来，背面朝上（和亲朋好友一起玩时，通常不用全部反扣过来）。

（2）4家同时搓动麻将，使其顺序和位置改变，避免相同的类别和相同的牌在一起。

（3）搓牌时不能用手按住一部分牌不放搓动，避免玩家记住牌的位置。

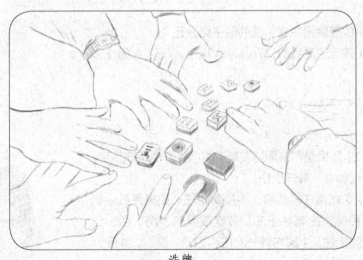

洗牌

◎ *砌牌*

　　洗好牌后，4人同时砌牌（又称码牌）。砌牌的方法如下。

　　（1）2张牌码在一起为一墩，每人砌17墩。

　　（2）砌好牌后组成一排，摆放在自己的面前。

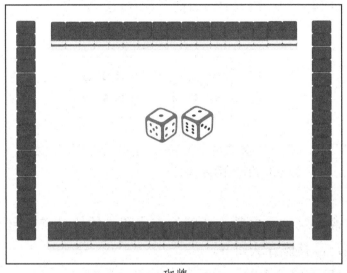

砌牌

4人各自砌好的牌目称"牌墙"，4道牌墙围起来便组成一个方阵，叫"方城"，也叫"牌城"。有些地方将打麻将也戏称为"砌长城"。

用骰子确定开始拿牌的位置

砌好牌后，开始时庄家需要通过掷骰子确定拿牌的具体位置。不同的地方确定拿牌的方法会有一定不同，下面将介绍其中常见的一种。

掷骰子时需要两个骰子一起投掷，然后根据点数确定拿牌的方位和具体位置。

庄家需要第一个拿牌，拿牌的方位和具体位置需要通过掷骰子确定，具体方法如下。

（1）庄家将 2 个骰子同时在桌子中间投掷。

（2）算出 2 个骰子的点数之和，通过该点数确定从哪个方位开始拿牌。

当累计点数是 5 和 9 时，从庄家所在的方位开始拿牌。
当累计点数是 2、6、10 时，从庄家的下家（右手方）开始拿牌。
当累计点数是 3、7、11 时，从庄家的对家开始拿牌。
当累计点数是 4、8、12 时，从庄家的上家（左手方）开始拿牌。

（3）根据点数最小的一个骰子的数，在确定的方位中从右边开始数相同数量的墩数，并从下一墩开始拿牌。

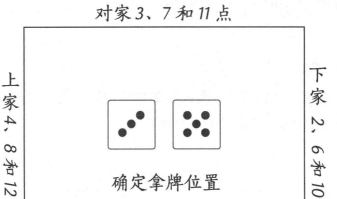

对家 3、7 和 11 点

上家 4、8 和 12 点

下家 2、6 和 10 点

确定拿牌位置

庄家 5 和 9 点

（1）庄家掷的骰子点数：3+5=8 点。

（2）累计点数是 8 点，所以从上家方位开始拿牌。

（3）点数小的骰子是 3 点，所以在上家位置从右数 3 墩，然后从第 4 墩开始拿牌。上家的视角效果如下图所示。

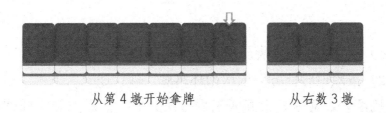

从第 4 墩开始拿牌　　　　　　从右数 3 墩

开局时拿牌的顺序和数量

◎ 拿牌的顺序

拿牌又叫"抓牌"，确定好拿牌位置后，从庄家开始拿牌，玩家按照逆时针方向依次拿牌。

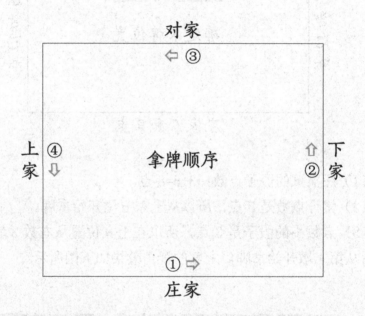

（1）庄家第一个拿牌。

（2）按照逆时针方向依次循环拿牌。即：庄家、下家（右手方玩家）、对家、上家（左手方玩家），然后按照相同顺序依次拿牌。

◎ 拿牌的数量

玩家每次拿 4 张牌，先拿 3 轮，第 4 轮庄家拿 2 张，其余玩家分别拿 1 张。庄家一共 14 张，其余玩家 13 张牌。

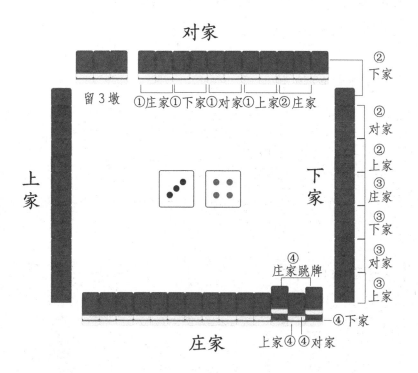

（1）庄家牌数：3×4+2=14 张。

（2）其余玩家牌数：3×4+1=13 张。

拿牌后怎样理牌

　　拿完牌后，通常需要将牌进行整理，特别是新手，更需要按照类别和顺序进行整理，以避免看错牌或漏吃、漏碰。

◎ 整理前的牌型

◎ 整理后的牌型

整理后

（1）相同类别的牌整理在一起。

（2）相同类别的牌按照顺序排列在一起。

（3）各类别的牌数量多少，组合情况一目了然。

（1）13 张牌 3 种类别交叉排列，很杂乱。

整理前 （2）很难直观看出各种牌数量的多少。

（3）很难直观看出同类牌中的组合情况。

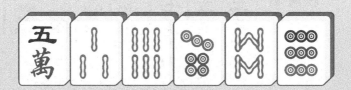

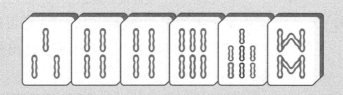

对于新手，理排后一定要确认是不是 13 张牌，不然最后和不了牌会成"相公"的!

麻将常见的组合方法

玩麻将的过程就是不断地通过换牌、吃牌、碰牌和杠牌等方式将手中的牌组合成需要的牌型。

◎ **换牌**　换牌是从牌墩上摸一张牌回来，然后再将手中难以组合的牌打出去，一局牌中每人换牌的机会平均为 16 ～ 17 次。

换牌组成顺子

◎ **吃牌**　当上家舍出的牌与自己手中的牌正好可以组成顺子时，就可以吃牌。其余玩家打出的牌不能吃。

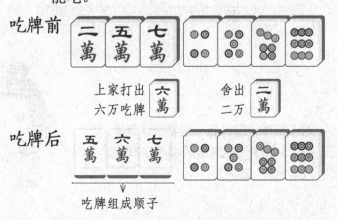

吃牌组成顺子

◎ 碰牌　如果自己手中有对子牌，当其余玩家的舍牌和对子牌相同时，就可以碰牌后组成一坎牌。

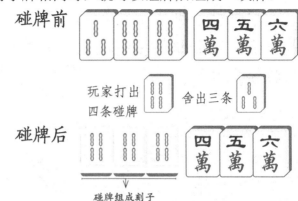

碰牌组成刻子

◎ 杠牌　如果自己手中有 3 张相同的牌，当自己摸的牌或其余玩家的舍牌与这 3 张牌相同时，就可以杠牌。杠牌后的 4 张牌组成一坎，杠牌后需要摸进 1 张牌，然后再舍出 1 张。

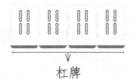

杠牌

（1）杠牌时摸牌的位置会因地域不同有一些差别。有些地方是通过掷骰子从最后的牌墙中确定位置，有些地方是直接按照顺序摸牌。

（2）通过吃、碰或杠组合的牌需要正面朝上放到牌桌前面。

怎样确定要舍的牌

　　舍牌就是把手上没有用的牌舍出去。对于麻将初学者，主要是将没有用的，上下都不靠张的单张废牌先舍出去。

　　（1）风：只有1张东风牌。

　　（2）万子：有2张牌，可通过摸六万或吃进上家六万组成顺子，或摸五、七万组成对子，或摸四万组成四、五万的搭子，摸八万组成七、八万的搭子。

　　（3）饼子：有4张牌，可以通过摸或吃三、六、九饼组成顺子，或摸四、五、七、八饼组成对子。

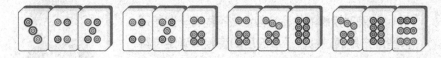

实战中每舍一张牌，都要尽量不让下家吃牌后组成顺子，并使自己及早组成顺子。

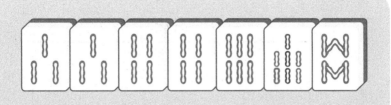

（4）条子：有7张牌，已经有两组对子和一组顺子。所以通过碰或者摸三、四条组成刻子。

也可以通过摸或吃二、五、九条，组成顺子，或者通过摸或吃六、七、八条组成对子。

通过牌面分析，东风牌相对于其他牌，只有再摸一张相同的东风组成对子，这种机会相对其他牌要低很多，所以属于废牌，确定舍去。

舍去的牌

出牌和摸牌的顺序

　　出牌和摸牌的顺序与开局时拿牌一样，从庄家开始第一个出牌，一次出一张牌，然后每个玩家按照逆时针方向依次轮流摸牌和出牌。

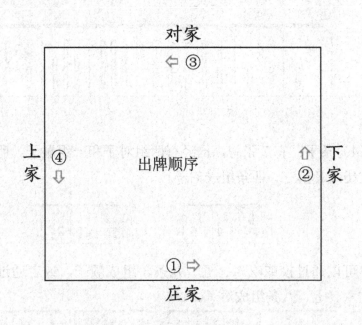

（1）开局时庄家第一个出牌。

（2）按照逆时针方向依次轮流摸牌和出牌。

在玩牌的过程中，如果有玩家碰牌或杠牌，碰牌或杠牌的玩家出牌后，接下来摸牌的是该玩家的下家，然后逆时针依次摸牌和出牌。

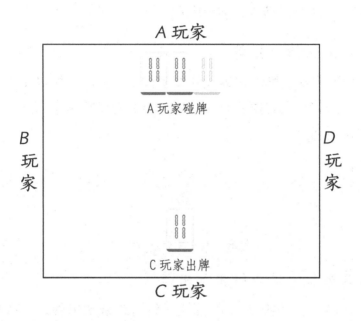

（1）C玩家出4条 。

（2）A玩家碰牌 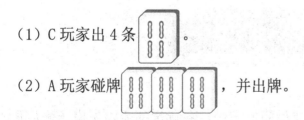，并出牌。

（3）接下来是B玩家摸牌，而不是D玩家。如果碰牌的是B玩家，接下来C玩家将继续摸牌。

怎样出牌和摸牌

玩牌时玩家需要保持 13 张牌，有时玩家会出现少牌或多牌的情况。出现这种情况通常是出牌时忘了摸牌或者摸牌后没有出牌。

◎ 庄家出第一张牌

庄家开局出牌时比其他玩家多摸了 1 张牌，所以庄家出第一张牌时不用摸牌。所有玩家出的牌要放到桌面正前方，正面朝上。

正面朝上放在桌面正前方

◎ 其余玩家轮流摸牌和出牌

（1）庄家出牌后，按照逆时针方向依次出牌，每次出牌前需要先摸一张牌后再出。

依次按照顺序摸一张牌

（2）第二轮及后面的出牌，各玩家都需要先摸一张后再出牌。

◎ 碰牌后直接出 1 张牌

玩家碰牌后，不用摸牌，需要将所碰的牌正面朝上放在桌面，并且从已有的牌中出一张不要的牌。做到"一进一出"。

碰进 1 张五万　　　　　　　　　　　　　舍出 1 张九饼

碰牌　　　　　　　　　舍出的九饼

◎ 杠牌后摸 1 张牌再出

玩家杠牌后，需要将所杠的牌正面朝上放在桌面，然后依次摸一张牌后再出牌（有些地区是通过掷骰子，根据点数确定摸牌的位置），开杠后的 4 张牌将组合成一坎牌，此时一共有 14 张牌，每增加一个杠，总牌数增加 1 张。

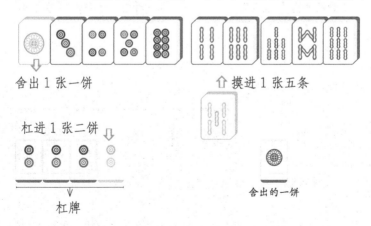

舍出 1 张一饼　　　　　　　　　　　↑ 摸进 1 张五条

杠进 1 张二饼

杠牌　　　　　　　　　　　　　　舍出的一饼

什么是明杠和暗杠

◎ **明杠**　　明杠分为大明杠和加杠，当玩家打出 1 张牌时自己手中有 3 张相同的牌而开的杠称大明杠（也称直杠）；自己以前碰了牌，如果摸到相同的那 1 张牌后可以开杠，称加杠（也称弯杠或小明杠）。

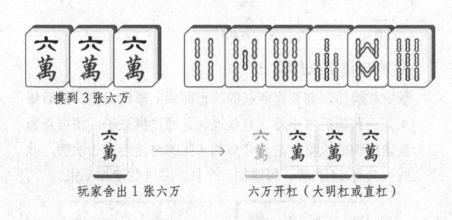

摸到 3 张六万

玩家舍出 1 张六万 ⟶ 六万开杠（大明杠或直杠）

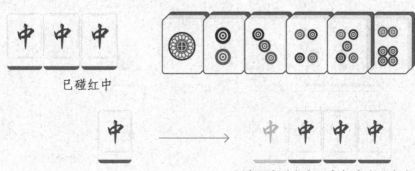

已碰红中

自己摸到 1 张红中 ⟶ 红中开杠（加杠、弯杠或小明杠）

◯ 暗杠　暗杠就是自己摸到 4 张完全一样的牌时可以杠牌，这种杠牌称为暗杠。有些地方暗杠后不用亮牌，有些地方是开杠后就要将牌亮出来让其余玩家知道杠的什么牌。

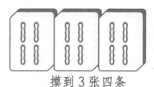 

摸到 3 张四条

自己摸到 1 张四条　　　四条开杠（暗杠）

在成都麻将中，开杠要"下雨"哟！杠不同，"雨"也不同。

（1）如果平胡是 1 分，那弯杠的"雨"就是 1 分，直杠和暗杠的雨要翻倍，即 2 分。

（2）无论是哪种杠，在开杠之前已经和牌的玩家不计分。

（3）弯杠和暗杠时，未和牌的所有玩家都要计分；直杠只计舍出杠牌的玩家的分。

什么是将牌

　　和牌后，玩家手中的一手牌一般情况下有 4 坎牌和一对牌（7 对情况除外），共 14 张牌，其中的一对牌就是将牌，也叫"雀头"。

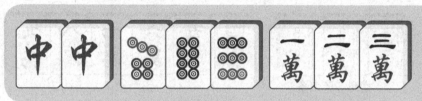

　将牌（雀头）　　　　3 张相连的顺子　　　　3 张相连的顺子

　　如果玩家手中的牌只有一张单牌，其余 12 张牌已经组成了 4 坎牌，这时要和的一张牌称为"钓将"，也称"单钓"，自己摸到或其余玩家打出单钓的将牌即可和牌。

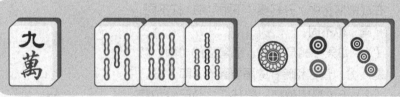

　单钓将　　　　　　3 张相连的顺子　　　　3 张相连的顺子

通常将牌可以是麻将牌中的任意一对相同的牌，有些地方规定只有二、五、八可以做将牌，即：二饼、五饼、八饼；二条、五条、八条；二万、五万、八万，其余牌不能作为将牌。

3张相连的顺子

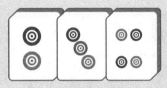

3张相连的顺子

3张相连的顺子

3张相同的刻子

什么是听牌

听牌就是大家常说的"下叫"，玩牌时，要想和牌就必须先听牌（又称停牌）。听牌即是一手牌中只差所需要的一张牌就能组成 4 坎牌和一个对子的状态。

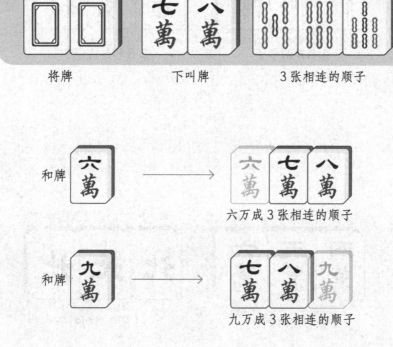

将牌　　　　　　　下叫牌　　　　　　3 张相连的顺子

和牌 ⟶ 六万成 3 张相连的顺子

和牌 ⟶ 九万成 3 张相连的顺子

玩麻将时，即使4个人都已经听牌，但最终和牌的人只有1个（成都麻将除外，第一个玩家和牌后，其余三家需要接着玩，直到第三家和牌时才结束），所以先听牌的玩家不一定先和牌。

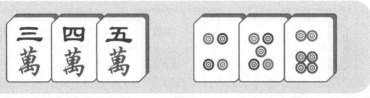

3张相连的顺子　　　　　　　　3张相连的顺子

注意啦！

（1）争取早听牌，早听牌比晚听牌和牌的机会要大。

（2）尽量听多张牌，听牌的张数越多，和牌的机会越大。

（3）尽量听熟张牌，其余玩家舍出熟张牌的机会大。

（4）在成都麻将中，如果最后一张牌摸完后，还有2家或2家以上的玩家没有和牌，没有听牌的玩家需要给听牌的玩家按照约定支付筹码，但不用给已经和牌的玩家支付筹码。

什么是和牌

听牌后，如果自己摸到的牌或者其他玩家舍出的牌，刚好使手中的一副牌能按照要求组合成4个基本组合（顺子、刻子或杠）和一对将牌，即可完成和牌。

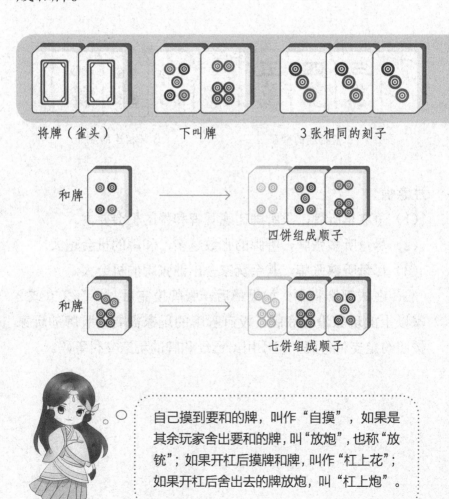

将牌（雀头）　　　　下叫牌　　　　　3张相同的刻子

和牌　　　　→　　　四饼组成顺子

和牌　　　　→　　　七饼组成顺子

自己摸到要和的牌，叫作"自摸"，如果是其余玩家舍出要和的牌，叫"放炮"，也称"放铳"；如果开杠后摸牌和牌，叫作"杠上花"；如果开杠后舍出去的牌放炮，叫"杠上炮"。

3 张相连的顺子

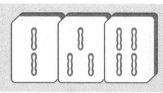
3 张相连的顺子

和牌需要注意以下事项。

（1）和牌前必须先听牌（下叫）。

（2）和牌前只差 1 张牌就能组合成 4 个搭子（基本组合）加 1 个对子。

（3）自己摸到或者其他玩家舍出所需要的 1 张牌就可以和牌。

（4）其余玩家弯杠时，如果所杠的牌正好是自己要和的牌，可以"抢杠"和牌，直杠和暗杠的牌不能抢杠。

（5）和牌后要将牌整理后放倒，便于其余玩家确认。

多牌与少牌

在玩麻将的过程中，有时会出现多牌或少牌的情况，特别是新手更容易出现。当出现多牌或少牌时，有些地方称为"相公"。成为"相公"的牌因为无法组合成和牌的基本形态，所以不能和牌，只能陪其余三家玩牌。

○ **多牌** 下面这手牌舍牌后还有 14 张，无法组成听牌的状态，所以无法和牌。

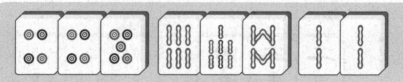

进1张牌后4张牌，　　3张相连的顺子　　将牌（雀头）
无法组成一坎牌

○ **少牌** 下面这手牌舍牌后只有 12 张，无法组成听牌的状态，所以无法和牌。

将牌（雀头）　　差2张牌才能　　3张相同的刻子
　　　　　　　组成一坎牌

多牌通常是由以下原因引起的。

（1）碰牌后没有舍牌。

（2）碰牌后摸1张牌后再舍。

当发现自己是"相公"时，可以不必声张，并尽量做到不给其余玩家放炮。

3 张相连的顺子   3 张相连的顺子

 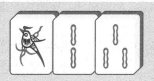

3 张相同的刻子   3 张相连的顺子

少牌通常是由以下原因引起的。

（1）开始时没有跳牌，理牌时只有 12 张。

（2）杠牌后没有摸牌，直接舍牌。

什么是臭庄

出现臭庄的情况有以下几种。

◎ **荒牌**　　荒牌是指拿完最后一张牌谁也不能和牌。有的也称之为"荒了""抓黄"或"平局"。出现荒牌后，有以下两种处理方式。

（1）庄家继续坐庄，大家没有输赢。

（2）庄家需接受一定惩罚，需要平分给3个玩家一定的筹码，并由下家接着坐庄。

◎ **四风连打**　在第一轮打牌时，4个玩家连续打出同样的风牌（东南西北）。当出现这种情况时，通常庄家需要罚出一定筹码平分给其余3家，并由下一家接替做庄。有些地方只要庄家罚出一定筹码分给余家，仍继续打牌。

例如

（1）庄家舍出一张东风 東。

（2）接着其余3个玩家也相继舍出东风 東。

（3）出现臭庄，按照约定重新开始或者继续。

◎ **四开杠**　　如果有人连续开了3杠，其余3个玩家中任一家又开出了第四杠，即出现臭庄。如果4杠是同一人，不算臭庄。

例如

（1）某玩家连续杠了二饼 ⊙、三条 ⫲ 和八万 八萬。

（2）接下来在玩牌的过程中，另外3个玩家任意一家开杠。

（3）出现臭庄，按照约定重新开始或者继续。

◎ **三家和**　　三家和相同的牌。如果三家同时和一个玩家舍出的牌即出现臭庄，不同地方的处理方式不同。比如成都麻将中三家都和牌，由放炮者坐庄，有些地方是按照顺序第一家和牌，由下家坐庄。

扫码回复"61844视频"，
获取随书视频。

第二章

麻将常见的花和型

天和

天和是麻将中的一种和牌形式，指庄家最初摸完 14 张牌后就和牌，天和是庄家的特权。

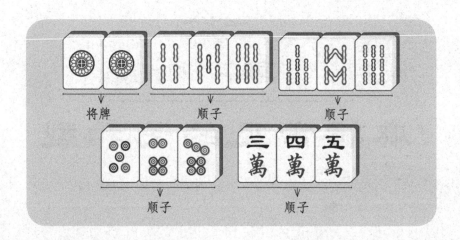

将牌　　　顺子　　　　　　顺子

顺子　　　　　　顺子

天和

（1）庄家摸完 14 张牌；

（2）14 张牌直接组合成 4 坎牌和 1 对将牌；

（3）庄家不用舍牌，直接和牌。

地和

地和是指除庄家外的三家（闲家）第一圈摸牌就和牌，称之为地和。即闲家拿完13张牌后就听牌，第一圈摸牌就自摸和牌。

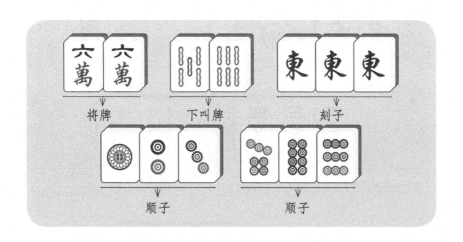

第一圈自己摸了四条或七条和牌

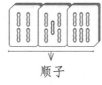
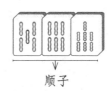

地和

（1）闲家摸完13张牌；

（2）13张牌直接组合成听牌的牌型；

（3）第一圈摸牌就自摸和牌。

人和

人和是指除庄家外的三家（闲家）摸完 13 张牌就听牌，第一圈就有玩家放炮和牌。

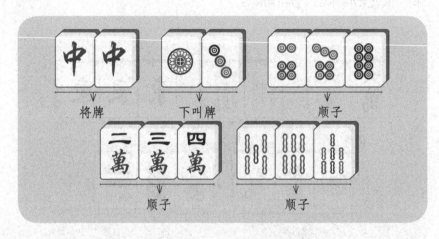

将牌　　　　下叫牌　　　　顺子

顺子　　　　顺子

第一圈玩家放
炮二饼和牌

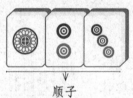

顺子

人和

（1）闲家摸完 13 张牌；

（2）13 张牌直接组合成听牌的牌型；

（3）第一圈有玩家放炮和牌。

边张

边张是指听牌时，下叫牌是一、二万（条、饼）或八、九万（条、饼），只能和三、七万（条、饼）。

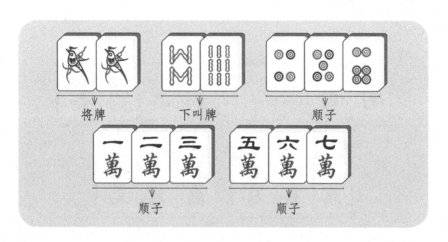

将牌　　　　下叫牌　　　　顺子

顺子　　　　　　顺子

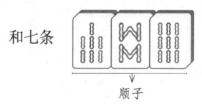

和七条

顺子

边张

（1）下叫牌只能是饼、条、万中的一、二或八、九；

（2）只能和饼、条、万中的三或七。

嵌张

嵌张是指组合成顺子的 3 张牌有前后两张，只差中间 1 张牌。听牌后，自摸或其余玩家舍出中间的牌即可和牌。

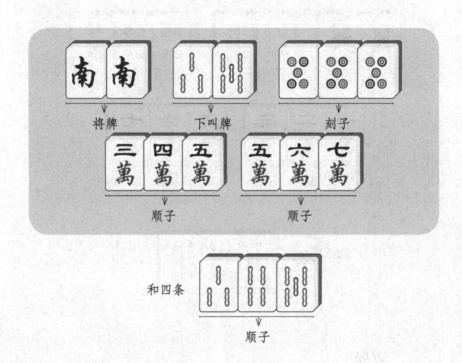

将牌　　　下叫牌　　　刻子

顺子　　　顺子

和四条

顺子

嵌张

（1）下叫牌是只差 1 张牌组合成顺子；

（2）所差的 1 张牌是顺子中间的 1 张。

七对

七对是比较特殊的牌型，和牌时不是基本的 4 个组合加一对将牌，而是由 7 个对子组成。如果组成的七对是由筒子、条子和万字牌中其中一种组成，叫作"清七对"；如果七对中有两对是相同的牌，即 4 张牌相同，叫作"豪七对"。

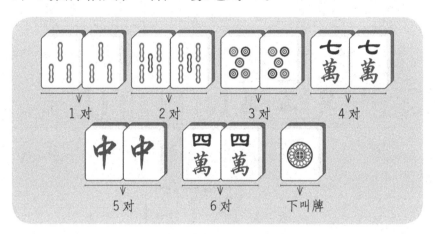

1 对　　2 对　　3 对　　4 对

5 对　　6 对　　下叫牌

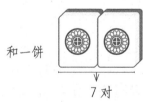

和一饼

7 对

七对

（1）七对是比较特殊的牌型，没有顺子和刻子等基本组合；

（2）如果要做七对，在玩牌过程中不能碰牌；

（3）"清七对"和"豪七对"比普通七对的筹码多。

全小

全小是指和牌后的牌只包含饼、条、万中1、2、3的数字牌，没有大于3的数字牌以及风牌和三元牌。

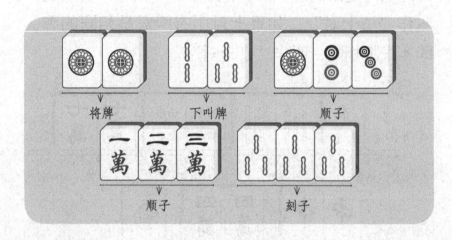

全小

（1）手牌中只有饼、条、万，不包含风牌和三元牌；

（2）和牌后手牌是由1、2、3的数字牌组成；

（3）如果和四条，和牌后的牌型不是全小。

全大

全大是指和牌后的牌只包含饼、条、万中7、8、9的数字牌，没有小于7的数字牌以及风牌和三元牌。

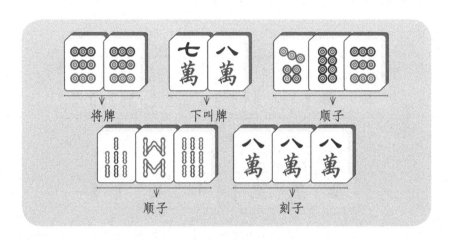

将牌　　　　下叫牌　　　　　　顺子

顺子　　　　　刻子

和九万

顺子

全大

（1）手牌中只有饼、条、万，不包含风牌和三元牌；

（2）和牌后手牌是由7、8、9的数字牌组成；

（3）如果和六万，和牌后的牌型不是全大。

绝张

麻将中每种花色的牌都有 4 张相同的牌，当牌面上已经出现 3 张牌（可以是舍出的 3 张牌，也可以是碰牌），如果和了剩下的那 1 张牌就是绝张。

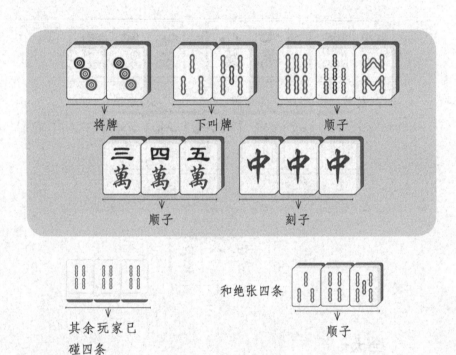

将牌　　　下叫牌　　　顺子

顺子　　　刻子

其余玩家已碰四条

和绝张四条

顺子

绝张

（1）只能和唯一的一张牌；

（2）四条已碰，出现了 3 张，和四条就是绝张，如果四条已在牌面舍出了 3 张，也是绝张。

一条龙

一条龙是指和牌后，一手牌中包含有从一万到九万的顺子，或从一条到九条的顺子，或从一饼到九饼的顺子，也叫"青龙"。

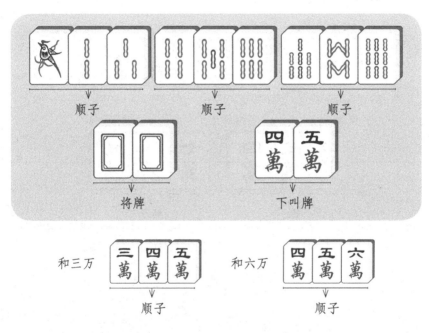

一条龙

（1）如果从1到9组成的顺子是由2种花色的麻将组成，称为混龙；

（2）如果从1到9组成的顺子是由3种花色的麻将组成，称为花龙。

混一色

混一色是指和牌后只有一种花色的数字牌与"东、南、西、北、中、发、白"中的任意牌组成，即：混一色由三元牌、风牌与饼、条、万中一种花色的牌组成。

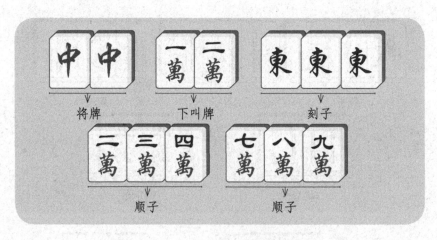

和边张三万　　　　　　　　　顺子

混一色

（1）由饼、条、万中一种牌与三元牌、风牌组成；

（2）成都麻将中没有三元牌和风牌，所以没有混一色。

清一色

清一色是指和牌后只有一种花色的牌组成，即一手牌要么全是万子，要么全是条子或者全是饼子。

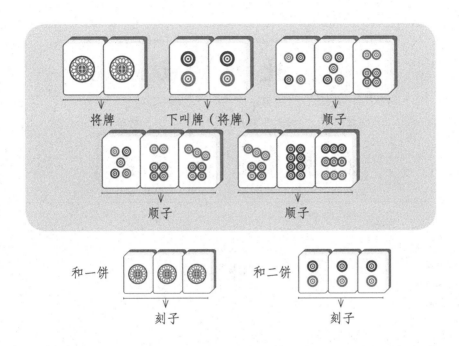

将牌　　下叫牌（将牌）　　顺子

顺子

顺子

和一饼　　刻子

和二饼　　刻子

清一色

（1）只有一种花色的牌组成；

（2）三元牌和风牌也不能包含在其中。

大四喜

大四喜是指和牌后需要包括有东、南、西、北风4组牌，以及任意一对将牌。

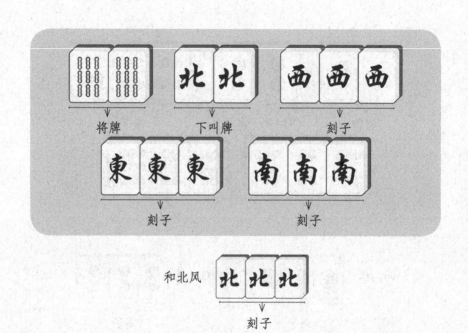

大四喜

（1）要做大四喜，只能和北风，不能和九条；

（2）如果和九条，和牌后不是大四喜；

（3）东、南、西、北4组牌可以通过摸、碰、杠的方式来组合。

小四喜

小四喜是指和牌时需要 3 组由风牌组成的刻子（含杠），以及由第 4 种风牌做将牌。

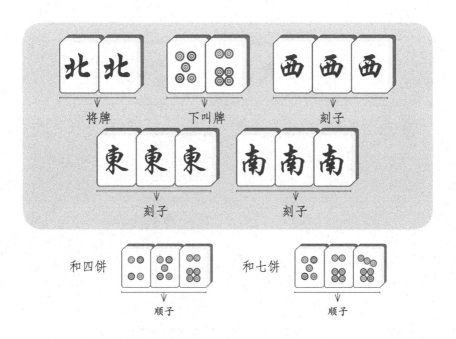

小四喜

（1）将牌必须是风牌；

（2）和牌后要包含 3 组风牌的组合（含杠）。

大三元

大三元是指和牌后需要包括有红中、发财、白板 3 组牌，3 组牌可以是碰或杠牌。

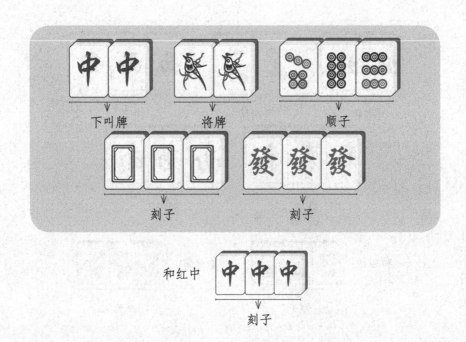

大三元

（1）和牌后必须要有红中、发财和白板 3 个刻子（含杠）；

（2）一条也可以和牌，但和牌后不是大三元。

小三元

小三元是指和牌后需要包括有红中、发财、白板任意 2 组牌和一对将牌。

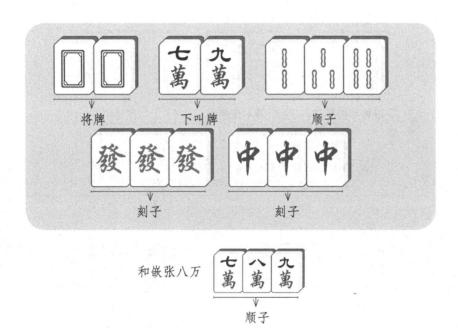

将牌	下叫牌	顺子

刻子	刻子

和嵌张八万

顺子

小三元

（1）将牌必须是三元牌中的一对；

（2）和牌后要包含 2 组三元牌（含杠）。

对对和

对对和也叫"大对子"，指和牌由一对将牌以及 4 组刻子或杠组成。

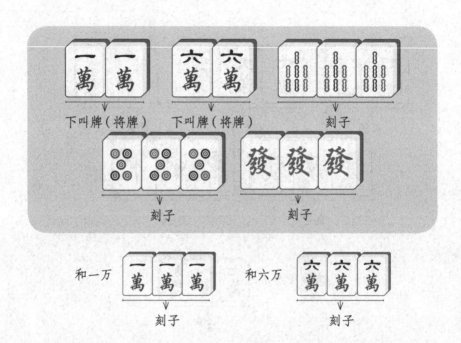

和一万 / 和六万

对对和

（1）刻子可以由自己摸的，也可以是通过碰组合而成；

（2）如果听牌前已经有 4 组刻子，将单钓将牌。

钓金龟

钓金龟是指单钓七条作将牌，其余 4 组牌可以任意组合而成。

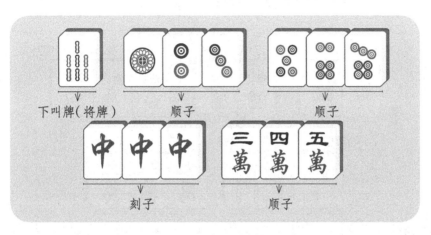

下叫牌（将牌） 顺子 顺子

刻子 顺子

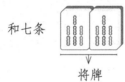

和七条

将牌

钓金龟

（1）钓金龟只能是单钓七条作为将牌；

（2）如果是单钓三条作为将牌，称为"钓银龟"。

55

门前清

门前清也叫"门清"，指不吃、不碰、不明杠，全凭自己摸牌听牌。听牌后胡别人点的炮，就叫"门清"，如果自摸就叫"不求人"。

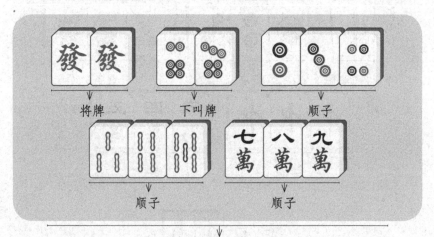

将牌　　　下叫牌　　　顺子

顺子　　　顺子

手中所有牌都是自己摸的

和五饼　顺子　　　和八饼　顺子

门前清

（1）听牌前所有牌都是自己摸的；

（2）听牌后和其余玩家点炮牌叫"门清"；

（3）听牌后自摸叫"不求人"。

全求人

全求人是指听牌时已经通过吃、碰或明杠组成4坎牌，手中只有一张单钓将牌，和牌是由其他玩家点炮。如果是自摸和牌，不算全求人。

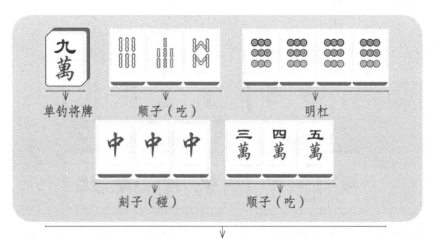

4组牌通过碰或明杠组合而成

全求人

（1）4组牌都是靠玩家舍牌，通过吃、碰、杠组合而成；

（2）将牌也是玩家舍出和牌；

（3）部分地方如果自摸到最后单钓的将牌，算全求人自摸，分数翻倍。

十三幺

十三幺又称"国士无双"，是由一饼、九饼、一条、九条、一万、九万和东风、南风、西风、北风、红中、发财、白板 13 种牌组成，除了用作将牌的一对外，其余的都只有 1 张。

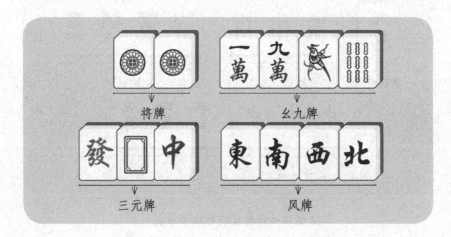

将牌　　　　　　幺九牌

三元牌　　　　　风牌

和九饼

十三幺

（1）幺九牌中只差九饼，所以和九饼；

（2）如果 13 张牌中幺九牌、风牌和三元牌都各有一张，这 13 张中的任意一张都可做将牌。

恭喜发财

恭喜发财是指和牌后，一手牌全由东风、南风、西风、北风和一对将牌发财组成。

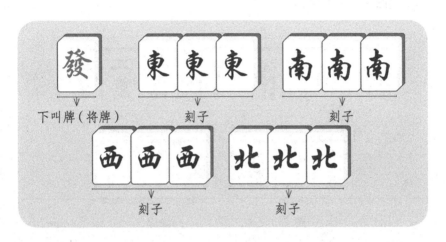

北北北 刻子

和发财

将牌

恭喜发财

（1）只能由风牌和一对发财组成；

（2）只能用发财作为将牌；

（3）如果已经摸了一对发财，可以和风牌。

二龙戏珠

二龙戏珠是指和牌后由一、二、三万，七、八、九万，一、二、三条，七、八、九条 4 组顺子和一对将牌一饼组成。

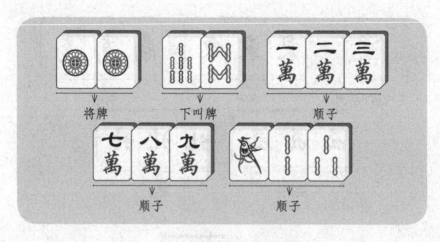

将牌　　　　　下叫牌　　　　　顺子

顺子　　　　　　顺子

和九条

二龙戏珠

（1）将牌只能是一饼；

（2）其余 4 组组合只能是一、二、三万和七、八、九万，以及一、二、三条和七、八、九条的顺子。

双龙抱柱

双龙抱柱是指用饼子牌、条子牌和万字牌中的一种或两种分别组成相同花色的1、2、3、7、8、9两条龙，再用二条、四条或者九条中任意一对做将牌。

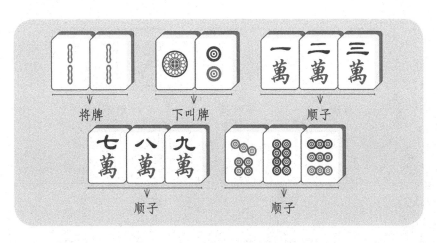

将牌　　　下叫牌　　　顺子

顺子　　　　　顺子

和三饼

双龙抱柱

（1）将牌只能是二条、四条和九条中的其中一对；

（2）由1、2、3、7、8、9组成的双龙可以是同一花色，即只由饼子牌、条子牌、万字牌中的一种牌组成，这些牌都是对子；

（3）由1、2、3、7、8、9组成的双龙可以是饼子牌、条了牌、万字牌中任意两种牌组成，每条龙的花色要相同。

青龙在天

青龙在天是指牌只由一种花色组成，并且包含有从 1 到 9 组成的顺子（一条龙）。

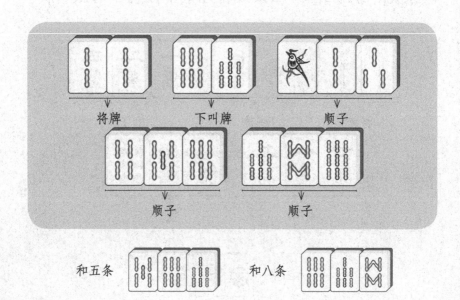

青龙在天

（1）和牌后是清一色，只能是饼、条、万中的其中一种花色；

（2）包含有从 1 到 9 相连的 3 组顺子，即一条龙。

八仙过海

八仙过海是指和牌后同一花色有 8 张，并且是由 2 个杠组成，由本门风作将牌，和牌后一共有 16 张牌。

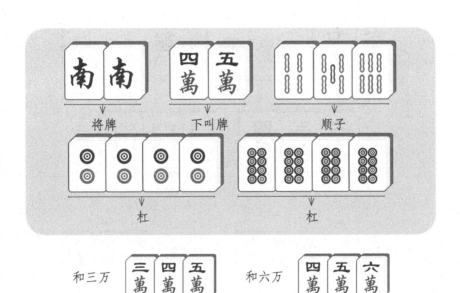

八仙过海

（1）同一花色的杠有 2 个，一共 8 张牌，和牌中再没有相同花色的牌；

（2）将牌只能是风牌，且只能是本门风（庄家为东风，逆时针方向数，各玩家的本门风依次为南风、西风和北风）；

（3）因为有 2 个杠，所以和牌后一共有 16 张牌。

凤凰下蛋

凤凰下蛋是指由一对一饼做将牌，组合中包含有一条、二条和三条组成的顺子。

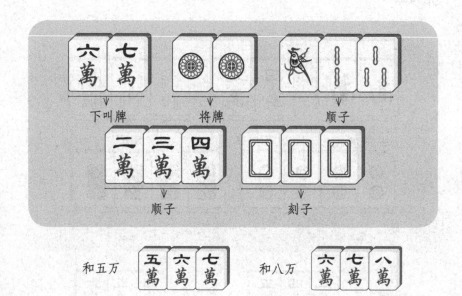

下叫牌　　将牌　　顺子

顺子　　刻子

和五万　六萬 七萬　　和八万　六萬 七萬 八萬

（五萬 六萬 七萬）　　（六萬 七萬 八萬）

凤凰下蛋

（1）只能由一饼做将牌；

（2）和牌后要包含有一条、二条和三条的顺子。

不同花型的番种

本章只介绍了麻将的部分花型，下面将介绍《中国麻将竞赛规则》中所认定的81种番种。

◎ *1番*

1番的花型主要有以下几种：

一般高、喜相逢、连六、老少副、幺九刻、明杠、缺一门、无字、边张、坎张、单钓将、自摸、花牌。

◎ *2番*

2番的花型主要有以下几种：

箭刻、圈风刻、门风刻、门前清、平和、四归一、双同刻、双暗刻、暗杠、断幺。

◎ *4番*

4番的花型主要有以下几种：

全带幺、不求人、双明杠、和绝张。

◎ *6番*

6番的花型主要有以下几种：

碰碰和、混一色、三色三步高、五门齐、全求人、双暗杠、双箭刻。

◎ *8番*

8番的花型主要有以下几种：

花龙、推不倒、三色三同顺、无番和、海底捞月、妙手回春、杠上花、抢杠和、三色三节高。

◎ *12* 番

12 番的花型主要有以下几种：

全不靠、组合龙、大于五、小于五、三风刻。

◎ *16* 番

16 番的花型主要有以下几种：

清龙、三色双龙会、一色三步高、全带五、三同刻、三暗刻。

◎ *24* 番

24 番的花型主要有以下几种：

七对、七星不靠、全双刻、清一色、一色三同顺、一色三节高、全大、全中、全小。

◎ *32* 番

32 番的花型主要有以下几种：

一色四步高、三杠、混幺九。

◎ *48* 番

48 番的花型主要有以下几种：

一色四同顺、一色四节高。

◎ *64* 番

64 番的花型主要有以下几种：

清幺九、小四喜、小三元、字一色、四暗刻、一色双龙会。

◎ *88* 番

88 番的花型主要有以下几种：

清大四喜、大三元、绿一色、九莲宝灯、四杠、连七对、十三幺。

第三章

麻将实战技巧

理牌的技巧

初学者在玩牌的过程中，经常会手忙脚乱，通常会出现以下情况：

（1）错过吃牌的机会；

（2）错过碰牌或杠牌的机会；

（3）错过和牌的机会；

（4）让其余玩家轻易看出自己要舍出或要和的牌。

为什么出现这种情况呢？

出现以上情况主要是因为牌没有理好，看漏、看错手中的牌。

为了避免出现看漏、看错牌的情况，需要掌握以下几点理牌的要领。

▶ 快速
拿牌后要快速将牌整理好，以免出现其他玩家已出牌而自己的牌还是乱的，看不清手中牌的情况。

▶ 分类整理
将同类花色的牌按照顺序依次排列好，能一目了然地看清手中的牌，清楚哪些牌可以吃，以及是否有碰牌或杠牌。

▶ 变化位置
手中牌的位置要经常变化，变化牌的位置主要是迷惑其余玩家，不能让对方猜中自己手中的牌。所以尽量做到摸牌或吃牌后，适当调整一下牌的陈列位置。

▶ 牌之间不要留空隙
新手通常会把不同类型的牌分别陈列以方便理牌和看牌，这样最容易给玩家暴露自己手中牌不同类型的数量多少，以及需求。所以陈列牌时不要留空隙，不要给玩家看牌的机会。

新手玩牌时如果牌没理好，就会出现已经
自摸或者有玩家放炮了却不知道的情况，
反而会给别人放炮。

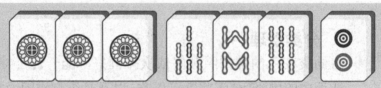

按照顺子、刻子等基本组合方式，组成了4组，
但没有将相同类型的牌放到一起。

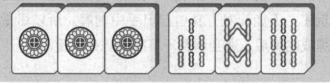

按照顺子、刻子等基本组合方式将牌放在一
起，但仍然没有将相同类型的牌陈列到一起。

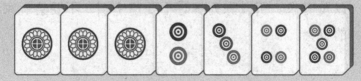

将相同类别的牌放在一起，并按照顺子、刻
子等基本组合方式组合。

【例】牌没理好容易看错叫

 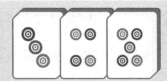

新手会只看见单钓将牌二饼 1 个叫，当自摸或玩家放炮其他能和的牌时，将错失和牌机会。

 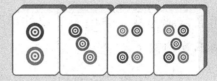

新手会认为只能和二饼、五饼。

 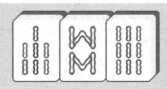

3 个一饼 1 组，可和二饼、五饼；2 个一饼做将牌时，可和三饼、六饼，共 4 个叫。

舍牌的技巧

在玩牌的过程中，从开始到结束，无论是吃牌、碰牌和杠牌，还是摸牌，都需要舍牌，舍牌贯穿了玩牌的全过程，舍牌的正确与否将直接影响胜负。

在玩牌的过程中，我们通常分为初盘、中盘和终盘 3 个阶段，每个阶段舍牌的要领会有所不同。

▶ **初盘阶段** 通常指拿完牌后，摸牌第 1 巡到第 5 巡。

▶ **中盘阶段** 摸牌第 6 巡到第 10 巡。

▶ **终盘阶段** 摸牌第 11 巡到结束。

◎ *初盘舍牌要领*

初盘舍牌通常先舍出不需要的单张和孤张等废牌。其基本要领如下。

（1）风牌和三元牌如果是单牌，在开局时可全部舍出，如果手中已有一对，可以等待碰成一坎牌。

（2）舍完字牌后，如果手中有单张的幺九牌，可以先舍幺九。因为幺九只能与 2、3 和 7、8 组成顺子，其余的牌前后两张（或一张）都可以组合成一坎牌，机会比幺九要多。

在实战中，需要记住"打风不做牌，做牌不打风"，因为字牌可以组成番数更高的花样牌，如：十三幺、混一色等。

【例】 初盘舍牌分析

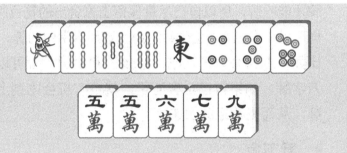

（1）字牌只有单张东风，只能靠自己摸东风才能成对，机会较少，所以先舍去东风。

（2）条子牌中一条不能通过吃牌与其他条子组成一坎牌，只能通过摸二条、三条组合一坎牌，其余三张条子已经成顺子，所以接下来舍去一条。

（3）饼子牌中四饼和五饼相连，七饼可以通过吃、摸六饼组成顺子，也可以摸八、九饼组成顺子；万字牌中五万有一对，并且有六、七万，可以组成顺子，九万只能通过吃，或摸七、八万组成顺子。相对七饼来说，九万组成顺子的机会要比七饼少，所以接下来舍九万。

◎ **中盘舍牌要领**

中盘舍牌非常重要，每一张牌都需要尽量做到不让下家吃牌，不让其余玩家碰牌、和牌。其基本要领是：看上家、默下家和盯对家。

▶ **看上家**

看上家主要是指通过上家吃、碰和舍出的牌明白上家需要什么花色的牌、舍出什么花色的牌。只有上家舍出的牌才能吃牌，所以自己尽量保留上家舍出的花色牌，这样可以让自己有机会通过吃牌快速组合手中的牌。

比如：上家舍万子，吃、碰条子和饼子，就可以保留万字牌，如果自己也舍万子，就没有机会吃到上家的牌，从而影响组牌的速度。

▶ **默下家**

默下家与看上家正好相反，因为下家是通过自己吃、碰和舍牌确定牌的去留，所以在舍牌时尽量不给下家吃牌的机会。

比如：下家想吃条子，就尽量舍万子和饼子牌。

▶ **盯对家**

虽然无法吃到对家的牌，对家也无法吃到自己舍出的牌，但是同样需要清楚对家需要什么花样的牌，做到知己知彼，这样才能尽量不给对方吃、碰和放炮的机会，并让自己尽快和牌。

◯ 终盘舍牌要领

在玩麻将的终盘阶段，每一次舍牌都非常关键。如果稍有不慎，就会给别人放炮。所以在终盘阶段无论玩家是否听牌，大家都尽量避免放炮，或者少失分。所以在后期最重要的是处理好危险牌，对于初级玩家，可以采取以下要领。

▶ 跟着玩家出相同的牌

最后阶段如果大家都已经听牌，这时最安全的打法就是跟着其余玩家舍相同的牌。如果前面的玩家摸牌后都没有换牌，而舍出的牌又没有放炮，这时舍相同的牌就不会放炮。

▶ 尽量出熟张

熟张是指桌面上已经多次出现的牌。在终盘阶段，如果某些牌桌面上没有出现过，尽量不要舍这些牌，否则放炮的机会很大。

▶ 坚决不打高危险牌

当某张牌舍出去后放炮的机会很大，并通过对方的碰、杠等判断是多番的牌型时，这时宁愿拆牌打安全牌，也不打出去放炮。

在实战中也不能生搬硬套，要根据现场情况确定怎么舍牌。尽量避免出现荒牌后自己没听牌而被查叫。如果是玩成都麻将，需要缺一门，所以有时最后还会故意给玩家放炮，这样可以避免对方把番数做大后查叫，或者不会因为自己没听牌而输掉。

▶ 通过推敲舍牌

在玩牌过程中，特别是玩家都进入听牌阶段，每舍一张牌都需要推敲，要根据玩家摸牌后的舍牌情况确定要舍出的牌。

（1）玩家摸牌后没有替换而直接舍出，如果舍出的牌是两端数的牌，说明这类牌比较安全。

（2）如果听牌后玩家替换舍出的牌是中张，这种牌的邻近牌通常是安全牌。

【例】舍牌要根据玩家牌相确定

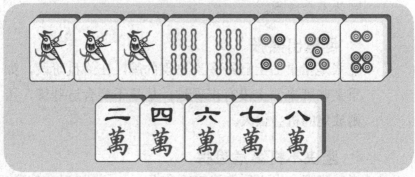

听嵌三万

假如在听牌之前自己已经舍出过 2 张三饼，这时摸进了一张六饼，是直接舍出六饼还是舍其他牌呢？

（1）根据自己的牌，已经听牌，此时六饼显得多余，虽然已经舍过 2 张三饼，由于已经过了几巡，所以在此时舍出六饼并非绝对安全。

（2）如果判断其余玩家的牌番数较小，可以舍出六饼。如果玩家的番数大，舍六饼放炮机会很大，在这种情况下就不要舍六饼，可以舍二万，然后再伺机听牌。

【例】引诱玩家舍同一线上的牌

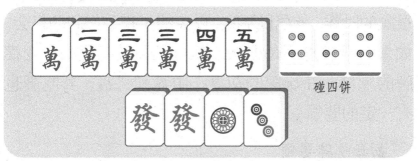

碰四饼

听嵌二饼

该手牌已经听牌嵌二饼，如果摸到五饼，是舍五饼还是一饼呢？

摸进五饼

（1）由于自己已经碰了四饼，如果牌面上已经出过1张四饼，此时需要舍去刚摸进的五饼，因为此时四饼属于死叫。

（2）如果牌面上没有出现过四饼，此时可以舍去一饼，因为已经碰过四饼，再舍去一饼，玩家会以为自己不会要一、四饼，玩家舍出四饼的机会很大。

（3）另外，由于四饼已经碰了，只剩一个，属于绝张，和牌后番数增加。

吃牌的技巧

虽然吃牌能快速让自己手中的牌组合成需要的牌，但不是所有能吃的牌都要吃，比如当自己摸牌很顺的时候，就尽量不吃，以免错过摸到好牌的机会。如果自己摸排不是很顺，就可以通过吃牌来改变摸牌的顺序。在玩牌的初盘、中盘和终盘，其吃牌也有一定的要领。

◎ 初盘吃牌要领

在初盘，由于手中的牌形势还不是很明朗，所以通常遵循"头不吃"的原则。因为如果开局就吃牌，不但浪费摸进有效牌的机会，也会过早泄露了自己的需求。但以下情况可以吃牌。

（1）如果有边张和嵌张，自己摸进的机会少，所以可以吃牌尽快组合成一坎牌。

（2）如果手中的牌同一花色的较多，有机会做清一色时，可以通过吃牌尽快将其他花色的牌换掉。

◎ 中盘吃牌要领

在中盘，由于手中的牌已经基本明朗，在该阶段可通过吃牌使自己尽快进入一入听或听牌阶段。但由于其余玩家也可能进入听牌阶段，所以还是需要小心谨慎。通常以下几种情况可以考虑吃牌。

（1）如果吃牌后能实现一入听或听牌阶段，可以吃牌。

（2）如果上家舍出的是独张，正好自己能吃，应该吃牌，因为错过了就再也没机会摸到该张牌了。

（3）如果想做大牌，只要上家舍出了需要花色的牌就应该吃牌，如果上家发现了自己做大牌的意图，将不会舍出需要的牌，全靠自己摸牌就更难实现做大牌的想法。

（4）当自己摸牌不顺时，可以通过吃牌改变摸牌顺序，也许再摸进的牌就是自己需要的。

◎ 终盘吃牌要领

在终盘阶段，吃牌要根据现场局势和手中牌的情况而定，当以下几种情况出现时，需要吃牌。

（1）手气不好，摸牌不顺时通过吃牌改变顺序。

（2）如果手上还需要边张或者嵌张时，上家舍出后应该吃牌。

（3）如果吃牌后就能听牌，这时必须吃牌。

◎ 该吃牌的三原则

对于初级玩家，无论是在初盘、中盘还是终盘，可以通过以下该吃牌的三原则灵活运用。

（1）手气不好时，通过吃牌改变顺序。

（2）手气一般，进入一入听阶段，必须吃牌。

（3）边张、嵌张自己摸进的机会少，应该吃牌。

对于初级玩家，往往会是只要有能吃的牌，统统都要吃掉，可是有些情况是不能吃的，一旦吃牌会影响自己牌面的组合，有时还会放炮，得不偿失。

不是所有能吃的牌都要吃哟！

以下几种情况可以不吃牌。

（1）当手气较好，每摸一张牌都能要时，尽量不吃牌，以保持摸牌顺序不变。

（2）如果手中搭子较多，不影响手中顺子的形成，可以不吃。

（3）如果吃牌后手中没有安全牌可舍，不要吃牌。

（4）如果已经吃（碰）进两手牌，再吃牌的话手中将只剩 4 张牌，容易暴露自己的需求，所以只要不影响听牌，尽量不吃。

（5）如果吃牌会破坏手中的牌相，对后面牌面的组合不利，尽量不吃。

（6）如果局势紧张，自己却很难下叫，完全没有和牌的机会时，不吃。

【例】无安全牌时不吃牌

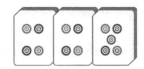

在中盘后期已有玩家听牌，自己手中有一对四饼一个五饼，当上家舍出了三饼时，应该吃吗？

玩家舍出三饼

（1）如果吃上家舍出的三饼，组成三、四、五的顺子，四饼多余一个，必舍去四饼。

（2）由于已经是中盘后期，有玩家已经听牌，所以四饼属于危险牌，可能会放炮。

（3）如果不吃牌，自己可以能摸上三、四、五、六饼的话，都能和现有的牌组合；如果无法摸到这些牌，也还可以通过碰牌等方式组合。

通过以上分析，当上家舍出三饼时，自己没有安全牌可舍，所以最好不吃，同理，如果舍出的是六饼，也不要吃。

前面介绍了吃牌的一些基本要领，当我们掌握了这些基本要领后，还需要了解吃牌的一些小技巧，这样不但不会被玩家看穿自己需要的牌，还能诱惑玩家舍出自己需要的牌。

【例】变换陈列位置诱惑玩家误判

手牌（摆在自己面前的牌）为一入听，牌面如下。

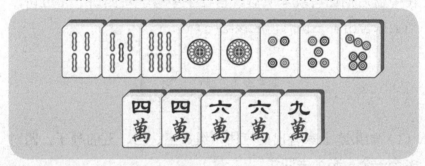

通过牌面看，可以碰四万、六万或摸、吃五万听牌，对于初级玩家，由于同一花色的牌按照顺序陈列，如果吃上家五万，就会从牌中抽出四万和六万，然后从最右边舍出九万。

如果玩家是熟手，就会从我们抽牌舍牌的动作中知道我们听牌的大致范围，从而增加了自己和牌的难度。

如果陈列时改变一下陈列位置，将万字牌顺序分开，如下。

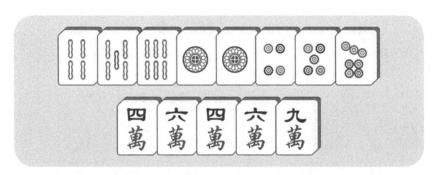

当上家舍出五万时，我们可以直接将挨在一起的四万、六万和九万推倒，吃进嵌五万，然后舍出九万。

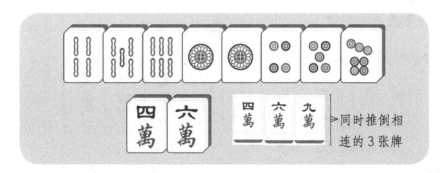

同时推倒相连的 3 张牌

吃牌时可以故意露出舍牌，以制造假象迷惑玩家。

【例】故意露出舍牌迷惑玩家

手牌为一入听，牌面如下。

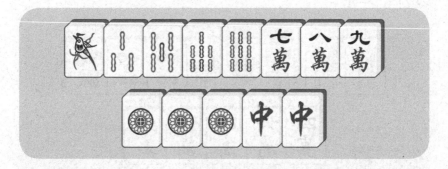

通过牌面看，吃、摸二条、四条、六条和八条都能进入听牌阶段。当上家舍出二条时，可以吃牌下叫。吃牌时需要同时将一条、三条和五条推倒，吃掉二条后，舍出五条，给玩家造成只有3个条子的感觉。

同时推倒相连的 3 张牌

吃了二条、舍出五条后，玩家通常都会认为一路上的八条是安全牌。八条容易被舍出。

有时我们会遇到4张牌中有一个顺子，另外一张牌显得多余，比如数字为3、4、5、6的牌，可以组成顺子3、4、5或4、5、6。但是这4张牌拆成3、4和5、6两个搭子，可以通过摸、吃牌形成新的组合。

【例】组成顺子后多一张牌

手牌中有以下3种情况的4张牌，是将多余的1张牌舍出吗？

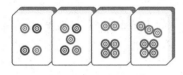

不用舍去四饼或七饼，当上家舍出三饼、六饼时吃进再求五、八饼。如果吃进的是五、八饼，可以再求三、六饼。

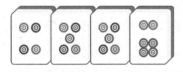

不用舍去五饼，当上家舍出三饼、六饼时吃进再求四、七饼。如果吃进的是四、七饼，可以再求三、六饼。

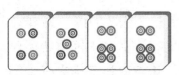

不用舍去六饼，当上家舍出三饼、六饼时吃进组成顺子，一对六饼可以做将牌，也可以等机会再碰牌。

碰牌的技巧

当自己手中有一对牌，如果玩家舍出相同的牌时，就可以通过碰牌组成刻子。组成刻子的牌还有机会通过自己摸到另外的一张形成弯杠。

只要有对子就要碰吗？

其实，不是所有对子都要碰，要根据手中的牌及玩牌时的局势确定是否碰牌。

◎ 常见碰牌的几种情况

以下几种情况，可以碰牌。

（1）如果手中的牌对子较多，可以通过碰牌快速做成对对和。

（2）如果玩家舍出的是中张牌，正好自己碰牌后有安全牌可以舍出，可以碰牌。

（3）如果手中有尖张（数字是 3 或 7 的牌）对子，可以碰牌，因为其余玩家如果有边搭，正好需要所碰的牌，通常他只有拆掉边搭，从而增加了玩家听牌的进度。

（4）如果有玩家明显在做大牌，自己牌并不是很好或手气不顺时，尽量碰牌，这样可以让自己早点听牌，尽快和牌。

（5）如果起手牌的牌相不错，已经是三入听，可以通过碰牌进入二入听，这样可以加快听牌速度。

（6）如果第一次已经放过了碰牌机会，当第二次出现后，需要碰牌，因为再也没有摸进、吃进和碰的机会了。

（7）如果碰牌后可以增加和牌的番数，需要碰牌。

【例】当绝张出现时不能放过

手牌为一入听，牌面如下。

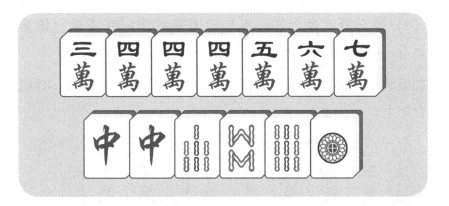

当有玩家舍出四万时，需要碰牌吗？

对于初级玩家，往往会将牌按照以下方式组合。

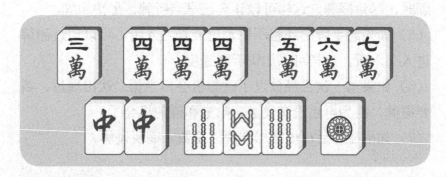

通常会按照以下思路。

（1）等碰红中，舍去一饼，单钓三万，或者舍去三万单钓一饼。

（2）摸三万、舍一饼，对杵三万和红中，或者摸一饼舍三万，对杵一饼和红中。

如果我们变换一种组合方式，就会发现四万是必碰牌，其组合如下。

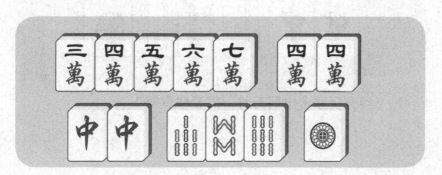

因为碰四万有以下几点好处。

（1）手中已经有 3 张四万，玩家舍出的四万属绝张，如果不碰，就再没有机会。

（2）碰四万后手中 4 张四万，和牌后番数增加。

（3）碰四万后可舍一饼直接听牌，不用再等碰红中或摸三万、一饼。

（4）碰四万后下叫二、五、八万，有 3 个叫，比单钓和对杵和牌的机会大。

【例】根据牌面判断是否碰中张

牌面如下。

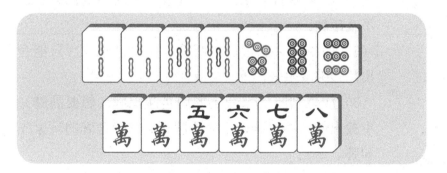

当玩家舍出中张五条时，是否要碰牌？

可以根据牌面分析确定是否需要碰牌。

（1）手牌中有一对五条和一对一万可以碰牌，五条属于中张，如果不碰，被玩家再次舍出或自己摸到最后1张的概率较小。

（2）如果碰五条，可以舍去五万或八万下叫，听一、四条。

（3）因为碰牌后要舍去五万或八万，此时需要根据牌面判断，如果其余玩家还没听牌，或者确定五万或八万不会放炮，就可以碰五条。

◎ **不能碰牌的几种情况**

以下几种情况，可以不碰牌。

（1）如果你的下家是庄家或者下家的手气比较旺，不宜碰牌。

（2）如果其余玩家已经听牌，而自己碰牌后只能舍出危险牌或生张，不宜碰牌。

（3）如果判断玩家舍出的牌是从配牌（想要的牌）中抽出的，不宜碰，因为碰牌后容易使舍牌的玩家先和牌。

（4）通常上家舍出的牌不宜碰，碰牌后错过了摸牌的机会，可以等其余玩家舍出时再碰，让自己拥有多摸一次牌的机会。

◎ 碰牌的战术技巧

初级玩家碰牌往往是抽出要碰的两张牌，然后碰牌后再从手中抽出一张要舍出的牌。我们在碰牌时需要灵活运用一些技巧，特别是在碰听阶段，如果运用得当，能帮助自己尽快和牌。

【例】碰牌时同时亮出舍牌

手牌如下。

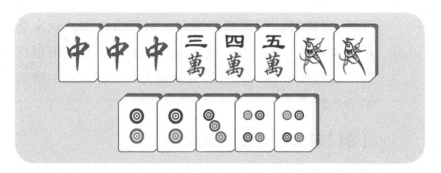

根据牌面情况看，已经听牌，和嵌三饼，桌面上已经出现过1个三饼和1个四饼，当玩家舍出四饼时，需要碰牌吗？

（1）由于桌面已经出现过 1 张三饼，所以自己摸或玩家舍出三饼的机会最多只有 2 次，也有可能已经在玩家手中成对或组成一坎牌。

（2）如果碰四饼，我们可以舍二饼，和一、四饼，或者舍三饼，和二饼、一条；由于四饼已经全部出现了，所以舍二饼的话，也只有和一饼的机会。

（3）根据牌面分析，结合手中的牌，可以选择碰牌，舍出三饼。碰牌时需要适当运用一些技巧，引诱玩家舍出二饼。

（4）碰牌时，一起将三饼和一对四饼推倒，玩家会以为碰四饼舍出三饼，肯定就不会再要二饼，所以认为二饼是安全牌，舍出的机会较大，这样自己和牌的机会也较大。

【例】碰牌前改变排列顺序

手牌如下。

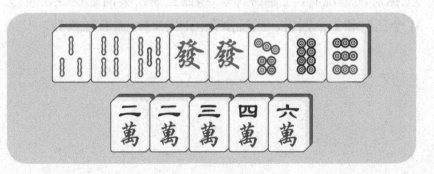

当玩家舍出二万时，怎么碰牌呢？

对于初级玩家，很容易直接推倒一对二万，然后再从牌中抽出六万舍出。如下。

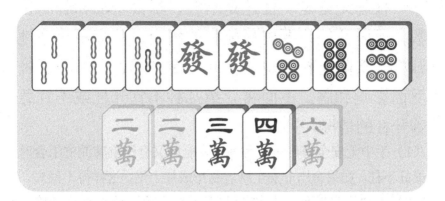

在玩家眼中，这一举动已经暴露了自己的需求，所以二万到五万的牌将不会再轻易舍出，从而增加了和牌的难度。

如果我们在碰牌前改变一下牌的陈列顺序，在碰牌时运用一些技巧，就能起到迷惑玩家的效果。

改变陈列位置

碰牌时，只要一起将一对二万和六万3张牌推倒，舍出六万后，玩家就会认为二万到六万的牌是安全牌了，结果正中下怀！

杠牌的技巧

　　杠牌无论是明杠还是暗杠，都会增加和牌的番数，所以往往只要出现能杠的机会，都毫不犹豫地开杠。实际上杠牌也需要有一定技巧，有时杠了牌反而影响和牌。下面将介绍几种不宜开杠或不宜急着开杠的情况。

　　（1）手中无安全牌可舍，舍其他安全牌又会影响牌面的组合时最好不杠，如果舍出非安全牌容易形成杠上炮，这样得不偿失。

　　（2）如果已经听牌，开杠后反而无法听牌，通常在这种情况下不要开杠。

　　（3）如果手牌中的牌势决定做"门前清"或"风一色"，不用开杠。

　　（4）如果没有要求摸到需要的杠牌必须立即开杠，在未听牌之前摸到暗杠或者弯杠的牌时，可以不用急着开杠，可以选择在听牌后开杠，这样可以多一次杠上花的机会；或者在自己手气不好的时候开杠，以改变摸牌的顺序。

　　【例】杠牌后和牌概率变小

　　手牌如下。

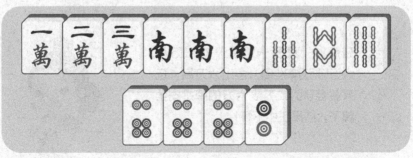

如果桌面上已经出现了 2 张二饼，玩家舍出六饼要杠吗？

（1）由于桌面上已经出现了 2 张二饼，如果将六饼开杠，就只有唯一 1 张二饼的机会，如果二饼已经被玩家组成一坎牌，就没有机会再和牌了。

（2）如果自己摸牌摸到了五饼，舍去二饼，将有 3 个叫，能和四饼、五饼和七饼。

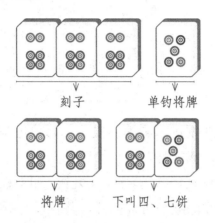

刻子　　　　　　单钓将牌

将牌　　　　　　下叫四、七饼

（3）如果摸到七饼，舍去二饼，也有 3 个叫，能和五饼、七饼和八饼。

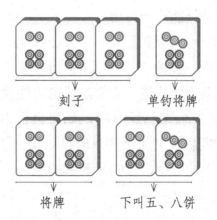

刻子　　　　　　单钓将牌

将牌　　　　　　下叫五、八饼

（4）同理，摸到四饼还可以换掉二饼和嵌五饼，摸到八饼换二饼和嵌七饼，所以如果杠了六饼，和牌的概率会很小。

【例】杠牌后无法听牌

手牌如下。

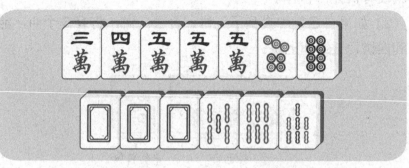

其余玩家都进入听牌阶段，二万已经被开杠，如果舍出五万，能杠吗？

（1）手牌已经听牌，和六、九饼，如果杠五万，三、四、五万组成的顺子将被拆开，并且没有听牌。

（2）由于二万已经杠了，五万也全部出现，所以除非摸到三万或四万，组成一对将牌，否则三、四万组成的搭子只能拆开舍出。

（3）由于牌局接近尾声，自己摸到三、四万的机会很少，所以要舍去三、四万，至少要2巡才能舍完，并且2巡后无法进入听牌阶段的可能性非常大。

（4）其余玩家已经听牌，如果自己迟迟无法听牌，和牌的机会就更加渺茫，所以如果杠了五万，将很可能出现无法听牌，丧失了和牌的机会。

【例】不杠牌加快听牌进度

手牌如下。

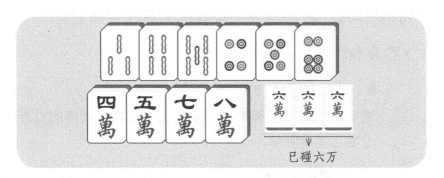

已碰六万

自己已经碰了六万，摸进六万后能杠吗？

（1）手牌处于一入听态势，只要摸到从三万到九万中的任何一张牌都可以听牌。

（2）如果摸三万，可以舍七万或八万；如果摸四万，可以舍五万，摸五万舍四万；如果摸七万，可以舍八万，摸八万可以舍七万；如果摸九万，可以舍四万或五万。

（3）由于六万已经碰牌，摸六万可以弯杠，如果开杠六万后没有摸到三万到九万中的任意一张牌，将无法听牌。

（4）所以摸到六万后不用杠牌，可以根据牌面情况舍四万或八万，如果舍四万可以和五、八万；舍八万可以和四、七万，并且和牌后因为手牌中有4张六万，同样会增加番数。

听牌的技巧

对于麻将的初级玩家，经常会出现下叫很早，但很难和牌。这种情况主要是因为牌没有听好。

◎ 容易和牌的听牌原则

▶ 越早听牌越好

通常是听牌越早和牌的希望越大，所以在玩牌的过程中要尽量早听牌。

▶ 尽量听熟张

当牌局到了听牌阶段，各玩家舍牌都非常谨慎，往往会舍熟张，或者打同一线上的牌，不会轻易舍出生张。所以我们听牌时要尽量听熟张，这样和牌的机会较大。

▶ 尽量听多张

由于单钓、嵌张的待牌少，二门听的待牌有 8 张，三门听的待牌有 12 张，所以尽量听待牌多的牌，和牌的机会大。

▶ 避免与上家听同一路牌

如果能猜到上家所听的牌，就尽量不要听和上家一路的牌，否则会被上家拦和。

▶ 尽量听易被舍出的牌

由于幺九牌的联络性差，只能与 2、3 和 7、8 组合，所以首选听幺九牌；其次是听中张 2、8 牌，因为 2、8 牌除了对子外，就只能和 1、9，以及尖张 3、7 组合，舍出的机会相对较高。

▶ **久听不和要改听**

如果听牌很早，但几巡后仍然无和牌希望，可能需要
的牌已经在玩家手中，这时需要尽快换叫。

◎ 常见听牌的类型

麻将听牌的类型很多，我们在玩牌的过程中，可以根据手
中的牌变换听牌的类型。下面将介绍常见听1张至5张的
不同类型，更多张数的听牌类型可在实战中总结。

▶ **听1张**

听1张是指只有一个叫，也叫独听，分为以下3种形式。

（1）听单钓

手中的牌已经组成4组，只剩1张单独的牌，此时只
需要再进1张相同的牌组成一对将牌即可和牌。

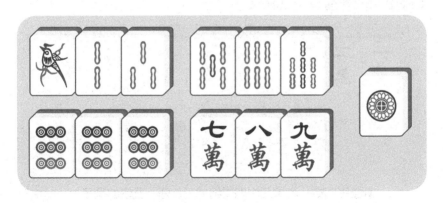

单钓一饼：和牌后由一饼组成一对将牌。

（2）听边张

手中的牌已经组成 3 组和一对将牌，只差一张数字为 3 的牌
组成 123 的顺子或者只差一张数字为 7 的牌组成 789 的顺子。

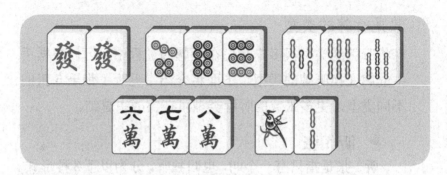

听边张三条：和牌后由三条组成一、二、三条的顺子。

（3）听嵌张

手中的牌已经组成 3 组，并有一对将牌，另外两张牌只需要
1 张中间的牌即可组成顺子。

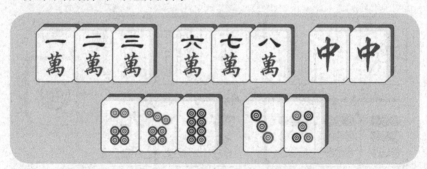

听嵌张四饼：和牌后由四饼组成三、四、五饼的顺子。

▶ **听 2 张**

听 2 张是指听牌后有 2 张牌可以和牌，常见牌型有以下 5 种。

（1）听两面

手中的牌已经组成 3 组，并有一对将牌，另外两张牌已经组成搭子，只需要搭子两面任意一张牌就能组成顺子。

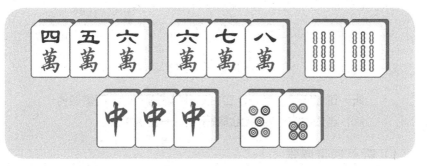

听四饼和七饼：四饼可组成四、五、六饼的顺子；七饼可组成五、六、七饼的顺子。

（2）听双碰

手中的牌已经组成 3 组，剩余 4 张牌组成 2 对，只需要对子中的任意一张牌即可和牌。

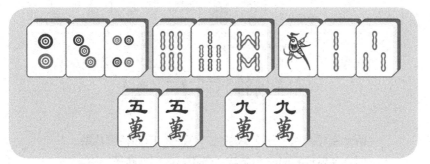

听五万和九万：和五万时，一对九万做将牌；和九万时，一对五万做将牌。

（3）听双钓将

手中的牌已经组成 3 组，剩余 4 张牌是花色相同数字相连的数字牌，只需要 4 张牌中首尾两张牌中的任意一张即可和牌。

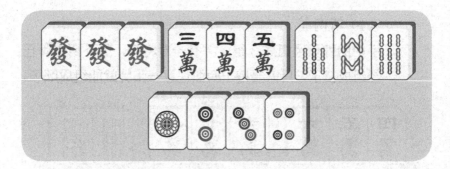

听一饼和四饼：当一、二、三饼组成顺子时，四饼做将牌；当二、三、四饼组成顺子时，一饼做将牌。

（4）听单钓带嵌张

第一种情况：手中的牌已经组成 4 组，其中包含一组暗刻，另外单独的一张牌与暗刻同花色且数字只相隔 1 个，只需要单独的将牌或暗刻与单张之间的嵌张牌即可和牌。

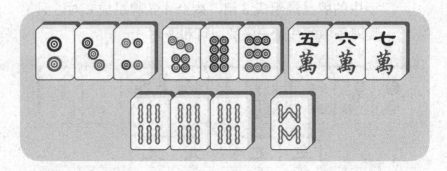

听七条和八条：三个六条为 1 组时，单钓将牌八条；1 对六条做将牌时，七条与六条和八条组成顺子。

第二种情况：手中的牌已经组成 4 组，其中包含一组暗刻和与暗刻花色相同数字相连的顺子，另外单独的一张牌与顺子同花色且数字只相隔 1 个，只需要单独的将牌或顺子之间的嵌张牌即可和牌。

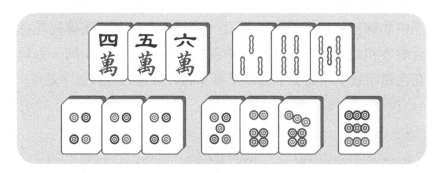

听八饼和九饼：当三个四饼和五、六、七饼分别组成 1 组时，单钓九饼；当 1 对四饼做将牌时，四、五、六饼组成 1 组，八饼与七饼、九饼组成顺子。

（5）听单钓带边张

手中的牌已经组成 4 组，其中包含一组数字为 1 的暗刻，另外单独的一张牌与暗刻同花色且数字为 2，只需要单独的将牌或者同一花色的数字牌 3 即可和牌。

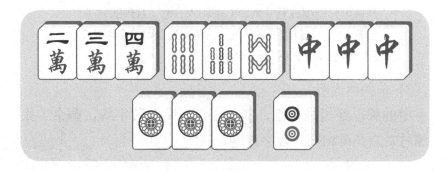

听二饼和三饼：当三个一饼组成一组时，单钓二饼；当一对一饼做将牌，边张三饼和一、二饼组成顺子。

▶ **听 3 张**

听 3 张是指听牌后有 3 张牌可以和牌，常见牌
型有以下 8 种。

（1）三面听

手中的牌已经组成 2 组，以及一对将牌，剩余 5 张牌同花色
且数字相连，只需要 5 张牌中间的一张牌，或与中间一张牌
花色相同数字相隔 2 个的牌即可和牌。常见的听牌数字是 1、
4、7，2、5、8 和 3、6、9。

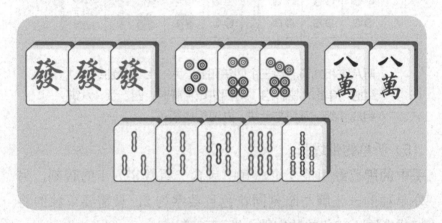

听二、五、八条：当三、四、五条组成顺子时，五条和
八条可分别组成五、六、七条和六、七、八条的顺子；
当五、六、七条组成顺子时，二条和五条可分别组成二、
三、四条和三、四、五条的顺子。

（2）单钓两面听

手中的牌已经组成 4 组，其中 1 组为暗刻数字牌，剩余 1 张
牌与暗刻花色相同并数字相连。

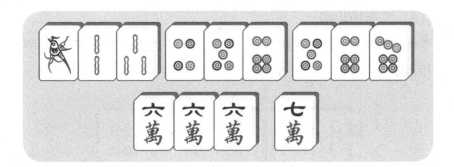

听五、七、八万：当 3 个六万组成 1 组时，单钓七万；
当一对六万做将牌时，六、七万组成一搭，此时，五万
和八万可分别组成五、六、七万和六、七、八万的顺子。

（3）双碰两面听

手中的牌已经组成 3 组和 2 个对子，其中有 5 张是花色相同
的数字牌，并且是一个顺子加上与该顺子两端其中 1 张牌数
字相同的对子。

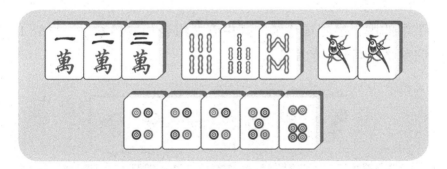

听一条，四、七饼：当四、五、六饼组成顺子时，和一
条时四饼做将牌，和四饼时一条做将牌；当 3 个四饼组
成 1 组时，五、六饼组成搭子，四饼和七饼可以分别组
成四、五、六饼和五、六、七饼的顺子。

（4）三面钓将听

手中的牌已经组成4组，其中有2组和另外1张单牌是数字相连的顺子。

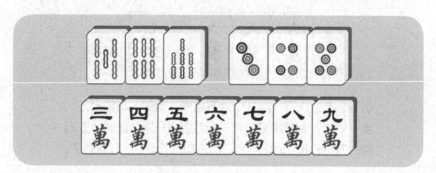

听三、六、九万将牌：当四、五、六万和七、八、九万分别组成1组时，单钓三万；当三、四、五万和七、八、九万分别组成1组时，单钓六万；当三、四、五万和六、七、八万分别组成1组时，单钓九万。

（5）双碰单钓听

手中的牌已经组成4组，其中有2组是相同的顺子，另外1张牌是相同顺子的中张。

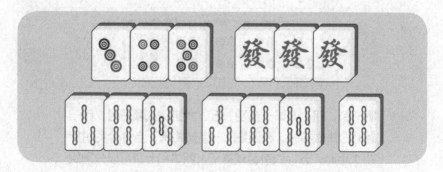

听三、四、五条：当三、四、五条组成2组顺子时，单钓四条；当3个四条组成刻子时，一对三条和一对五条可以双碰和牌。

（6）三碰听

手中的牌包含同一花色的 4 连对子，另外 5 张牌是组合好的
1 组牌和 1 对牌。

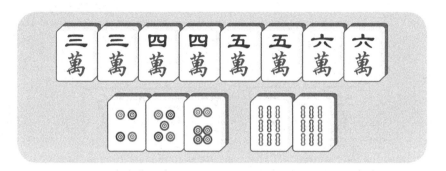

听三、六万和九条：当三、四、五万组成 2 组顺子时，
可以双碰和六万、九条；当四、五、六万组成 2 组
顺子时，可以双碰和三万、九条。

（7）单嵌两面听

手中的牌已经组成 4 组，其中包含一组暗刻以及和暗刻同一
花色但数字相隔 1 个数的顺子，另外 1 张单牌是该顺子的首
牌或尾牌后面相邻的牌。

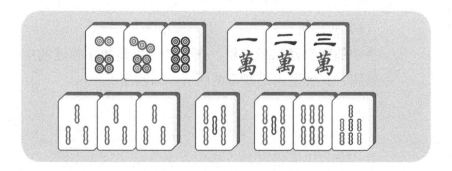

听四、五、八条：当三条和五、六、七条分别为 1 组时，
单钓五条；当一对五条做将牌时，可和五、八条；当
一对三条做将牌，五、六、七条为 1 组时，和嵌张四条。

（8）双钓带嵌听

手中的牌已经组成 3 组，其中包含 1 组暗刻，另外 4 张牌是和暗刻同一花色且数字相隔 1 个数的 4 连顺子。

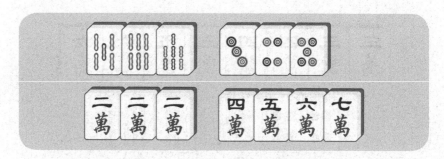

听三、四、七万：当 3 个二万为 1 组，四、五、六万为 1 组时钓七万，五、六、七万为 1 组时钓四万；当一对二万做将牌，五、六、七万为 1 组时，可和嵌张三万。

▶ **听 4 张**

听 4 张是指听牌后有 4 张牌可以和牌，对于初学者，听牌数量越多，就越难看清楚全部听牌，常见牌型有以下 5 种。

（1）四面听

手中的牌已经组成 2 组，剩余 7 张牌是数字相连的中张牌，其牌型满足双重两面听，即四面听。

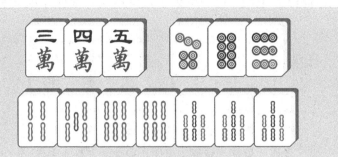

听三、五、六、八条: 当一对六条做将牌时, 听三、六条; 当四、五、六条为1组, 一对七条做将牌时, 听五、八条。

变换牌型, 听牌不变

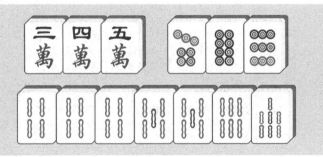

听三、五、六、八条: 当一对五条做将牌时, 听五、八条; 当五、六、七条为1组, 一对四条做将牌时, 听三、六条。

四面听的基本牌型是7张牌是数字相连的中张, 其中包含1个暗刻和与暗刻相连的对子, 另外2张牌与对子相连。

○○

（2）双碰两面听

手中的牌已经组成2组，剩余7张牌既可双碰听，又可两面听。

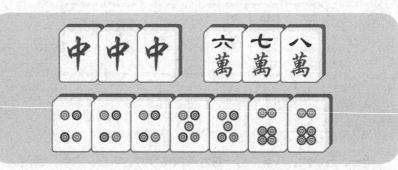

听四、五、六、七饼：当3个四饼1组时，双碰听五、六饼；
当一对四饼做将牌，四五六饼为1组时，听双面叫四、七饼。

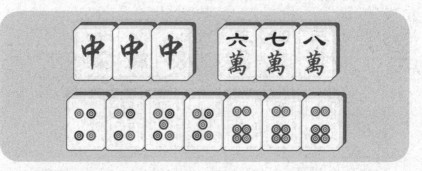

听三、四、五、六饼：当3个六饼1组时，双碰听四、五饼；
当一对六饼做将牌，四五六饼为1组时，听双面叫三、六饼。

（3）双碰三面听

手中的牌已经组成 1 组和 1 个对子，剩余 8 张牌花色相同数字相连，并且数字开始或结尾是 1 组暗刻。

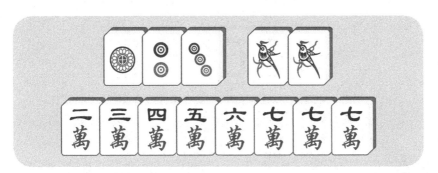

听一条，一、四、七万：当二、三、四万和五、六、七万分别组成 1 组时，双碰听一条和七万；当一对一条做将牌，3 个七万为 1 组时，三面听一、四、七万。

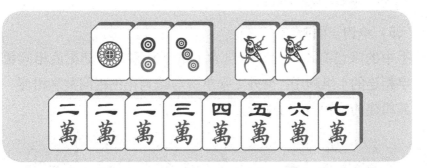

听一条，二、五、八万：当二、三、四万和五、六、七万分别组成 1 组时，双碰听一条和二万；当一对一条做将牌，3 个二万为 1 组时，三面听二、五、八万。

（4）三碰单钓听

手中的牌已有 1 个暗刻和 1 个对子，剩余 8 张牌是花色相同数字相连的 4 个对子。

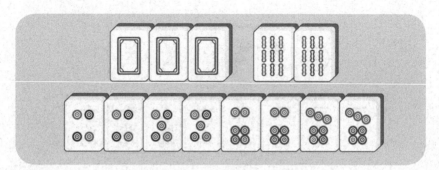

听九条，四、七饼，白板：当四、五、六饼分别组成 2 组顺子时，
双碰和九条、七饼；当五、六、七饼分别组成 2 组顺子时，
双碰和九条、四饼；当把四、五、六、七饼都看成对子时，
单钓白板和七对。

（5）单钓三面听

手中的牌已有 4 组，其中包含 1 组暗刻和与暗刻花色相同数字相连的 1 组顺子，另外 1 张单牌与暗刻花色相同数字相连，其相连的位置与顺子相反。

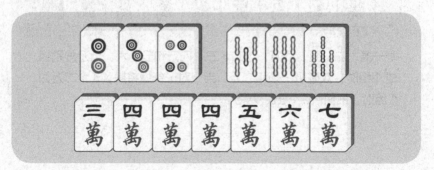

听二、三、五、八万：当 3 个四万为 1 组时，单钓三万；
当一对四万做将牌，三、四、五、六、七万形成三面听，和二、
五、八万。

▶ **听 5 张**

听 5 张是指听牌后有 5 张牌可以和牌。由于听牌数量越多，就越难看清楚，所以有时会出现已经自摸或者其余玩家放炮了，自己也不知道。最好的解决办法就是记住基本牌型并且多练。常见牌型有以下 3 种。

（1）单钓四面听

手中的牌已经组成 4 组，其中有两组是花色相同，数字相隔 1 个的暗刻，另外一个单牌正好是两个暗刻中间的牌。

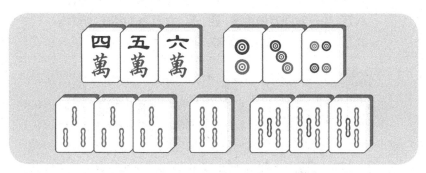

听二、三、四、五、六条：当三条和五条分别为 1 组时，单钓四条；当一对三条做将牌时，听二、五条；当一对五条做将牌时，听三、六条。

如果有两组花色相同，数字相隔 1 个的暗刻，并且在暗刻中间有一张数字相连的牌，其听牌有 5 张，分别是已有 3 张牌和其前后相邻的 2 张牌。

（2）双钓三面听

手中的牌已经组成4组，其中包含1组暗刻，以及和暗刻花色相同、数字相连的4连张。

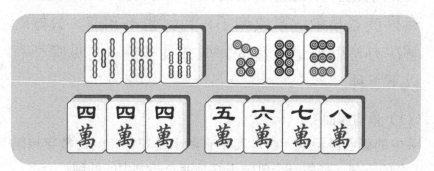

听三、五、六、八、九万：当3个四万为1组时，双钓五、八万；当一对四万做将牌，四、五、六万为1组时，听六、九万，六、七、八为1组时，听三、六万。

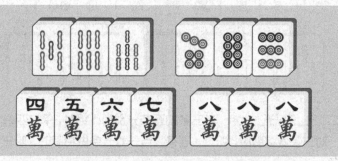

听三、四、六、七、九万：当3个八万为1组时，双钓四、七万；当一对八万做将牌，四、五、六万为1组时，听六、九万，六、七、八为1组时，听三、六万。

（3）四碰单钓听

手中的牌已经有花色相同数字相连的 5 对和 1 个暗刻，这种牌型是介于"七对和"和"双碰和"之间。

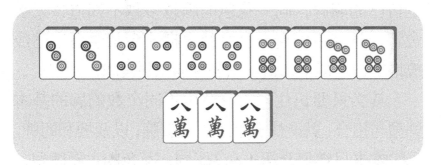

听三、四、六、七饼与八万：当把饼子看成 5 对，可以单钓八万对对和；当把三、四、五饼看成 2 组顺子，可以双碰和六、七饼；当把四、五、六饼看成 2 组顺子时，可以双碰和三、七饼；当把五、六、七饼看成 2 组顺子时，可以双碰和三、四饼。

快速看清要和的牌

对于麻将的初级玩家，往往是牌越好越看不清楚自己的叫牌，同一花色的牌越多越不知道该怎么舍牌，还容易出现自己已经自摸或者其余玩家已经放炮，自己却不知道可以和牌而错失良机。

其实只要记住同一花色中不同个数的牌的基本牌型与组合，就能快速看清是否听牌，以及要和的牌。

本书只详细介绍 4 ~ 8 张同一花色的主要牌型，其中当同一花色牌是 6 张时，要么已经成组，要么没有听牌，将不做介绍。在掌握了 4 ~ 8 张牌的基本牌型后，当同一花色的牌是 9 ~ 13 张时，只需要适当拆分组合就能迅速看清是否下叫，以及要和的牌。

◎ 4 张牌

当同一花色的牌有 4 张，其余 9 张牌已经组合成 3 组时，可以看作 1 张加 3 张，也可以看作 2 张加 2 张。听牌后最少一个叫，最多 3 个叫，常见牌型有以下几种。

▶ **1 个叫**

（1）如果 4 张牌中包含 1 组顺子，另外 1 张牌和顺子不相连，单钓剩余的 1 张牌。

四、五、六万顺子组成 1 组，单钓八万。

（2）如果 4 张牌中包含 1 组刻子，另外 1 张牌与刻子相隔 2 张以上，单钓剩余的 1 张牌。

3 个四万组成刻子，单钓七万。

（3）如果 4 张牌中包含 1 组顺子，另外 1 张牌与顺子的中间那张牌相同，则和那张单牌。

四、五、六万组成顺子，单钓将牌五万。

▶ **2个叫**

（1）如果4张牌相连，此时两边的牌都能和牌。

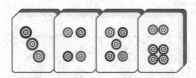

当三、四、五饼组成1组时，钓六饼；当四、五、六饼组成1组时，钓三饼。

（2）如果4张牌数字相连，且含1个对子，对子在一边，则和对子以及一另边数字相邻的牌。

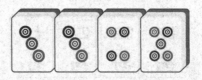

一对三饼为将牌，和四、五饼相邻的三、六饼；

（3）如果4张牌已经有1对将牌，另外2张牌数字相连，则和相连2张牌左右相邻的牌。

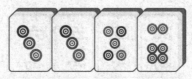

一对三饼为将牌，和五、六饼相邻的四、七饼。

（4）如果 4 张牌已经有 1 组刻子，另外 1 张牌与刻子相隔 1
张牌，则和那张单牌以及与刻子相隔的牌。

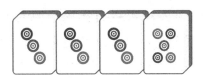

当 3 个三饼组成刻子时，单钓五饼；
当一对三饼做将牌时，和嵌张四饼。

▶ 3 个叫

如果 4 张牌有 1 个刻子，另外 1 张牌和刻子相连，可和单独
的那张牌，以及两边左右相邻的牌。

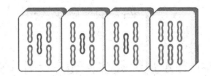

当 3 个五条组成刻子时，单钓六条；
当一对五条做将牌时，和两面叫四、
七条。

◎ 5 张牌

当同一花色的牌有 5 张牌，其余 8 张牌都已经组合成 2 组加 1 对将牌时。5 张牌可以看作 3 张加 2 张，听牌后最少一个叫，最多 3 个叫，常见牌型有以下几种。

▶ **1 个叫**

（1）如果 5 张牌有 3 张牌已经组成 1 组，与另外 2 张牌不相连，另外 2 张单牌之间相隔 1 张牌，则和两张单牌中间那张牌。

二、三、四万组成顺子，和嵌七万。

（2）如果 5 张牌中有 4 张牌数字相连，另外 1 张牌与一边的牌相隔 1 张牌，则和相隔的那张牌。

二、三、四万组成顺子，和嵌六万。

（3）如果5张牌中有3张是数字相连的顺子，另外2张牌之间相隔1张牌，并且其中1张牌与顺子的首张或尾张牌相同，则和2张牌之间相隔的那张牌。

四、五、六万组成顺子，和嵌三万。

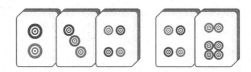

二、三、四饼组成顺子，和嵌五饼。

（4）如果5张牌中有4张牌相同的幺九牌（暗刻），另外1张牌是数字牌2或8，和数字是3或7的牌。

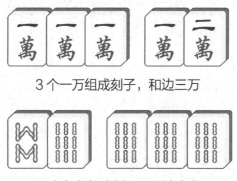

3个一万组成刻子，和边三万

3个九条组成刻子，和边七条

▶ **2 个叫**

（1）如果 5 张牌数字相连，首尾牌是数字 1 或 9 的牌，则有 2 个叫。

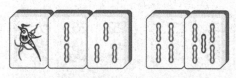

一、二、三条组成顺子，和三、六条。

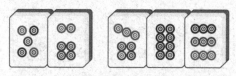

七、八、九饼组成顺子，和四、七饼。

（2）如果 5 张牌数字相连，并包含 1 个对子，对子在中间，则有 2 个叫。

五、六、七万组成顺子，和六、九万。

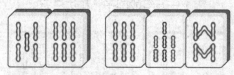

六、七、八条组成顺子，和四、七条。

（3）如果5张牌数字相连，并包含2个相连的对子，有2个叫。

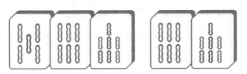

五、六、七条组成顺子，和五、
八条。

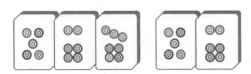

五、六、七饼组成顺子，和四、
七饼。

（4）如果5张牌数字相连，其中包含1个对子，且对子在一
边，有2个叫，双碰和对子与将牌。

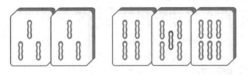

四、五、六条组成顺子，对碰和三条
与将牌。

（5）如果5张牌中含1个不是幺九牌的暗杠，另外1张牌数
字与其相连，有2个叫，分别是左右两边相邻的牌。

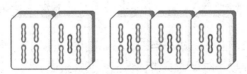

3个五条组成刻了，和数字相邻的三、
六条。

▶ 3个叫

如果5张牌是数字相连的中张，可看做3+2或2+3的组合，一共有3个叫，分别是5张牌中间那张，以及左右两边相邻的牌。

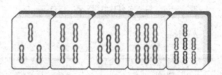

和二、五、八条：当五、六、七条组成顺子时和二、五条，当三、四、五条组成顺子时和五、八条。

◎ 7张牌

当同一花色的牌有7张牌，其余6张不同花色的牌已经组成2组时，可将7张牌看作3张加4张，或者2张加5张，最多有5个叫。下面将根据7张牌不同的组成类型分别介绍。

▶ 7张牌数字相连

如果7张牌数字相连，可分别钓3张将牌，这3张牌是7张牌两边和中间的那张。

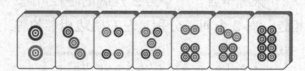

和二、五、八饼：当二、三、四饼，五、六、七饼组成顺子时单钓八饼；当三、四、五饼，六、七、八饼组成顺子时单钓二饼；当二、三、四饼，六、七、八饼组成顺子时单钓五饼。

▶ 7张牌之间有隔张

如果7张牌数字不完全相连，之间有隔张，通常只能和2个叫，有时只能单钓1个将牌。

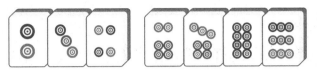

和六、九饼：二、三、四饼组成顺子，六、七、八、九饼组成4连张，和六、九饼。

单钓五万：一、二、三万，七、八、九万组成顺子，单钓五万。

▶ 7 张牌中有对子

如果 7 张牌中包含有对子，当对子的数量和位置不同，其组合方式也会不同，所以能和的牌也会不同，下面将分别介绍包含对子的不同组合情况。

（1）含 1 个对子

如果 7 张数字相连的牌包含 1 个对子，对子在两边或者位于左边或右边的第 3 张，可看成 2+5 的组合，有 3 个叫。

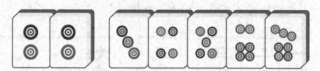

和二、五、八饼：一对二饼做将牌，三、四、五、六、七饼组成 5 连张，和二、五、八饼。

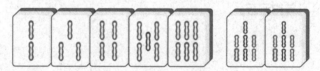

和一、四、七条：一对七条做将牌，二、三、四、五、六条组成 5 连张，和一、四、七条。

我们在玩牌时如果只看到其中1种组合，就很可能会错过其他不同组合可以和的牌。

和一、四、七万：当二、三、四万组成顺子，四、五、六、七万组成4连张，和四、七万；当一对四万做将牌时，和一、四万。

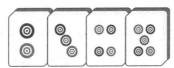 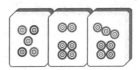

和二、五、八饼：当五、六、七饼组成顺子，二、三、四、五饼组成4连张时，和二、五饼；当一对五饼做将牌时，和五、八饼。

如果7张数字相连的牌包含1个对子，对子位于左边或右边的第2张，只有1个叫，即和对子自身。

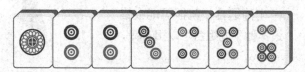

和二饼：无论是一、二、三饼，四、五、六饼组成顺子，还是一对二饼做将牌，只能和二饼。

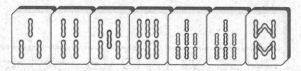

和七条：无论是三、四、五条，六、七、八条组成顺子，还是一对七条做将牌，只能和七条。

（2）含2个对子

如果7张数字相连的牌包含2个对子，对子是在一边并相连，则只能和对子自身2张牌。

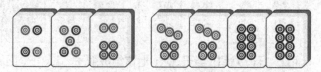

和七、八饼：只能四、五、六饼组成顺子，双碰和七、八饼。

和三、四万：只能五、六、七万组成顺子，双碰和三、
四万。

如果7张数字相连的牌包含2个对子，对子在中间并相连，
可将对子拆分后组成3+4的组合，有2个叫，即4连张的首
尾2张牌。

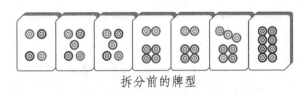

拆分前的牌型

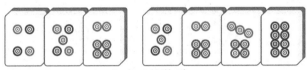

组合后的牌型

和五、八饼：四、五、六饼组成顺子，五、六、
七、八饼组成4连张，和五、八饼。

129

如果 7 张数字相连的牌包含 2 个对子，其中 1 个对子在一边，
另一个对子与其相隔 1 张牌，可看成 5+2 的组合，有 2 个叫。

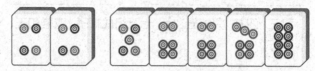

和四、七饼：六、七、八饼组成顺子，一对
四饼做将牌，和四、七饼。

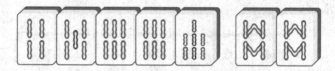

和五、八条：四、五、六条成顺子，一对八
条做将牌，和五、八条。

不是所有包含 2 个对子并数字相连的 7 张牌都有
叫哟！当对子分别在首尾两端的第 2 张牌的位置
时，没有听牌，不能和牌。

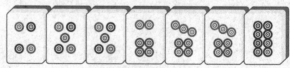

此牌型没有听牌

（3）含 3 个对子

如果 7 张数字相连的牌包含 3 个对子，对子相连，可看成 3+4 的组合，拆分成 1 个顺子和 4 连张。有 2 个叫，和 4 连张首尾 2 张牌。

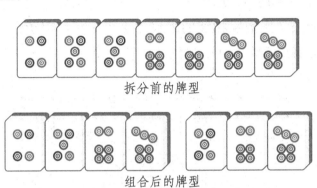

拆分前的牌型

组合后的牌型

和四、七饼：五、六、七饼组成顺子，四、五、六、七饼组成 4 连张，和四、七饼。

如果 7 张数字相连的牌包含 3 个对子，对子被单张牌分隔开，可看成 5+2 的组合。有 2 个叫，和相连两个对子左右两边的牌。

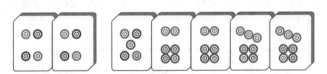

和五、八饼：一对四饼做将牌，五、六、七饼组成顺子，和五、八饼。

▶ 7 张牌中含 1 个刻子

如果 7 张牌数字相连，其中包含有 1 个刻子，刻子的位置不同，其组合方式也会不同，下面将分别介绍。

（1）刻子在边上

如果 7 张数字相连的牌包含 1 个刻子，刻子在一边，可看成 5+2 或 4+3 的组合，有 5 个叫。

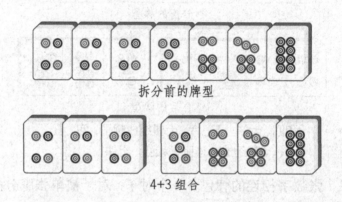

拆分前的牌型

4+3 组合

3 个四饼组成刻子，五、六、七、八饼组成 4 连张，和五、八饼。

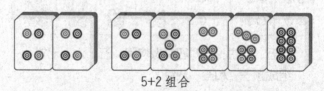

5+2 组合

一对四饼做将牌，四、五、六、七、八饼组成 5 连张，和三、六、九饼。

132

在相同数量和牌型情况下，如果相连的牌首尾是数字1或9的牌，其下叫的个数要少1个哟！本书中没有把这种情况列出来单独介绍。

如果7张相同花色的牌包含1个刻子和4连张，刻子在一边，4连张的首或尾与刻子相隔1张牌，可看成4+3或5+2的组合，有3个叫。

4+3 组合

和二、五万：三个七饼为1组，二、三、四、五万组成4连张，和二、五万。

5+2 组合

和嵌六万：一对七万做将牌，二、三、四万组成顺子，和嵌张六万。

（2）刻子在一边的第 2 张

如果 7 张数字相连的牌包含 1 个刻子，刻子在一边的第 2 张，可看成 5+2 或 3+4 的组合，有 4 个叫，分别是两边相邻的牌以及刻子左右两边的牌。

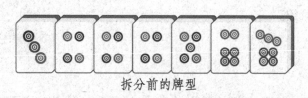

拆分前的牌型

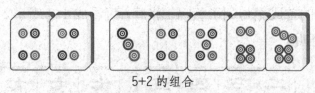

5+2 的组合

和二、五、八饼：一对四饼做将牌，三、四、五、六、七饼组成 5 连张，和二、五、八饼。

4+3 的组合

和三饼：3 个四饼为 1 组，单钓三饼。

（3）刻子在中间

如果 7 张数字相连的牌包含 1 个刻子，刻子在中间，可看成
5+2 的组合，有 3 个叫，分别是两端相邻的牌以及刻子自身。

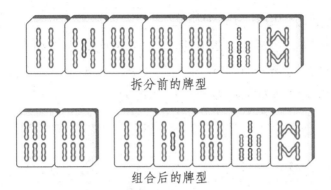

拆分前的牌型

组合后的牌型

和三、六、九条：一对六条做将牌，四、五、六、七、
八条组成 5 连张，和三、六、九条。

▶ 7张牌中含1个刻子和1个对子

如果7张牌中包含有1个刻子和1个对子，当刻子、对子的
位置不同，其组合方式也会不同，下面将分别介绍。

（1）刻子在一边并与对子相连

如果7张牌数字相连，其中包含1个相连的刻子和对子，刻
子在一边，可看成4+3或5+2的组合，有4个叫，分别是两
端相邻的牌以及对子自身和相连的单张牌。

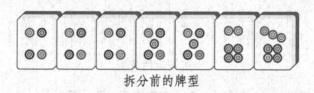

拆分前的牌型

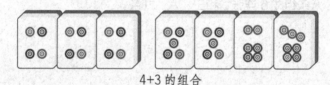

4+3的组合

和五、八饼：3个四饼为1组，一对五饼做将牌，
和五、八饼。

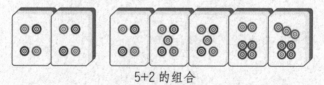

5+2的组合

和三、六饼：一对四饼做将牌，五、六、七饼组成
顺子，和三、六饼。

136

（2）刻子在一边并与对子相隔

如果7张牌数字相连，其中包含1个刻子和对子，刻子在一边，并与对子相隔1张牌，可看成4+3或5+2的组合，有3个叫。

拆分前的牌型

4+3 的组合

单钓六万: 3个四万为1组,五、六、七万组成顺子,单钓六万。

5+2 的组合

和五、八万：一对四万做将牌，四、五、六万组成顺子，和五、八万。

如果 7 张牌数字相连，其中包含 1 个刻子和 1 个对子，刻子和对子分别在一边，可看成 4+3 或 5+2 的组合，有 2 个叫，和刻子和对子本身。

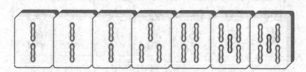

和二、五条：无论是按照 4+3 组合，还是按照
5+2 组合，都和二、五条。

（3）刻子在中间并与对子相连

如果 7 张牌数字相连，其中包含 1 个刻子和 1 个相连的对子，刻子在中间，对子在一边，可看成 4+3 或 5+2 的组合，有 3 个叫。

和二、五、六饼：当 3 个五饼为 1 组，一对六饼做将牌时，和二、五饼；当三、四、五饼组成顺子时，双碰和五、六饼。

如果7张牌数字相连，其中包含1个刻子和1个相连的对子，刻子和对子在中间，有2个叫。

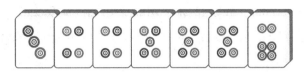

和二、五饼：一对五饼做将牌，四、五、六饼组成顺子，和二、五饼。

（4）刻子在中间并与对子不相连

如果7张牌数字相连，其中包含1个刻子和1个对子，刻子在中间，并与对子不相连，有2个叫，分别和刻子与对子自身的牌。

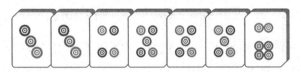

和三、五饼：四、五、六饼组成顺子时，双碰和三、五饼。

▶ 7 张牌中含 1 个刻子和 2 个对子

如果 7 张牌数字相连，包含 1 个刻子和 2 个对子，如果刻子在中间，有 3 个叫，分别是刻子和对子自身；如果刻子在边上，有 4 个叫，分别是刻子和对子自身，以及与对子相邻的那张牌。下面将分别介绍。

如果 7 张牌数字相连，其中包含 1 个刻子和 2 个对子，刻子在中间，对子在两边，有 3 个叫，分别和刻子和对子自身的牌。

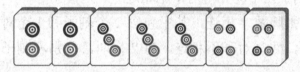

和二、三、四饼：当 3 个三饼 1 组，双碰和二、四饼；
当二、三、四饼组成 2 组顺子时，单钓三饼。

如果 7 张牌数字相连，其中包含 1 个刻子和 2 个对子，刻子在一边，有 4 个叫。

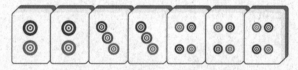

和一、二、三、四饼：当 3 个四饼 1 组，双碰和二、三饼；
当一对四饼做将牌，二、三、四饼组成顺子，和一、四饼。

▶ 7张牌中含2个刻子

如果7张牌数字相连，其中包含有2个刻子，刻子在两边时，
有5个叫，分别是自身3张牌以及两端相邻的2张牌，如果
两端的刻子数字是1或者9时少1个叫。

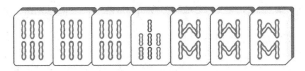

和五、六、七、八、九条：当3个六条和八条分别1组时，
单钓七条；当有3个六条1组，一对八条做将牌时，和六、
九条，3个八条1组，一对六条做将牌时，和五、八条。

如果7张牌数字相连，其中包含有2个相连的刻子，有4个叫，
分别是自身3张牌以及与单牌相邻的那张牌，如果单牌是数
字1或数字9，和自身3张牌。

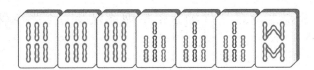

和六、七、八、九条：当3个六条和七条分别1组时，
单钓八条；当3个六条1组，一对七条做将牌时，和六、
九条；当六、七、八条组成顺子时，双碰和六、七条。

▶ 7张牌中有1个暗杠

如果7张牌数字相连，其中有1个暗杠，即4张牌相同，如果开杠，就可能没有叫，下面将介绍不开杠的各种下叫情况。

（1）暗杠在边上

如果7张牌数字相连，其中包含1个暗杠，暗杠在边上，只有1个叫，和另一边的单牌。

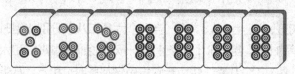

和五饼：只能是六、七、八饼组成顺子，3个八饼1组，单钓五饼。

（2）暗杠在中间

如果7张牌数字相连，其中包含1个暗杠，暗杠在中间，有4个叫，分别是除暗杠外的3张单牌，以及与1张单牌相邻的牌。

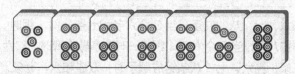

和四、五、七、八饼：当3个六饼1组，五、六、七、八饼组成4连张时，和五、八饼；当一对六饼做将牌，六、七、八饼组成顺子时，和四、七饼。

（3）暗杠带 1 个对子

如果 7 张牌数字相连，其中有 1 个暗杠和 1 个对子，暗杠和对子分别在一边，有 3 个叫，分别是对子和单牌以及与暗杠相邻的牌。

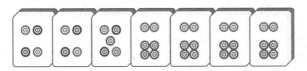

和四、五、七饼：当 3 个六饼 1 组，一对四饼做将牌时，
和四、七饼；当一对六饼做将牌，和嵌五饼。

如果 7 张牌数字相连，其中有 1 个暗杠和 1 个对子，暗杠和对子相连，有 3 个叫，分别是对子和单牌以及与暗杠相邻的牌。

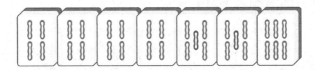

和三、五、六条：当 3 个四条 1 组，单钓五条；当一对四条做将牌，四、五、六条组成顺子时，和三、六条。

如果7张牌数字相连，其中有1个暗杠和1个对子，暗杠在中间，有4个叫，分别是除暗杠外的自身2张牌以及两端相邻的2张牌。

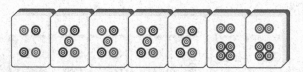

和三、四、六、七饼：当3个五饼1组，一对六饼做将牌时，和三、六饼；当一对五饼做将牌，四、五、六饼组成顺子时，和四、七饼。

（4）暗杠带1个刻子

如果7张牌包含有1个暗杠和1个数字相连的刻子，有2个叫，分别是左右两端相邻的牌。

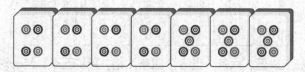

和三、六饼：当3个四饼1组，一对五饼做将牌时，和三、六饼。

144

◎ *8 张牌*

当同一花色的牌有 8 张牌数字相连，另外 5 张牌已经组成 1 组和 1 对将牌。我们可以将同一花色的 8 张牌看成 5+3 或 6+2 的组合。下面将分别介绍 8 张牌不同牌型的下叫情况。

▶ 单牌数字相连

如果 8 张牌数字相连，可拆分成 3+5，然后按照 5 连张处理。

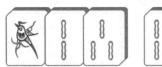 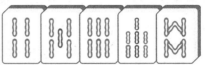

和三、六、九条: 可拆分看成一、二、三条的顺子加上四、五、六、七、八条组成的 5 连张，和三、六、九条。

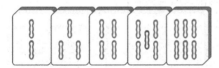 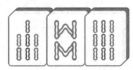

和一、四、七条: 可拆分成七、八、九条的顺子加上二、三、四、五、六条组成的 5 连张，和一、四、七条。

▶ 数字相连并含对子

如果 8 张牌是数字相连，其中含有对子，当对子的数量不同或位置不同，其组合方式也会不同，下面将分别介绍含对子的不同情况。

（1）含 1 个对子

如果 8 张数字相连的牌包含 1 个对子，并且对子在一边，可看成 6+2 的组合，其中 6 张牌组合成 2 组顺子，所以只能与将牌形成双碰和。即和对子本身与将牌。

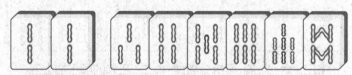

对子在左边，和二条与将牌：三、四、五条，六、七、八条组成顺子，双碰和二条与将牌。

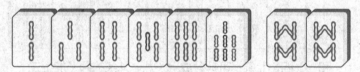

对子在右边，和八条与将牌：二、三、四条，五、六、七条组成顺子，双碰和八条与将牌。

如果 8 张数字相连的牌包含 1 个对子，并且对子位于左边或
右边的第 2 张，可看成 6+2 的组合，有 2 个叫。

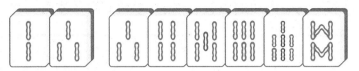

和一、四条：三、四、五条，六、七、八条
分别组成顺子。

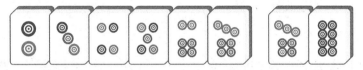

和六、九饼：二、三、四饼，五、六、七饼
分别组成顺子。

如果 8 张数字相连的牌包含 1 个对子，并且对子位于左边或
右边的第 3 张，可将对子拆分后与左右两边的牌组成顺子，
从而分解成 3+5 的组合，有 3 个叫。

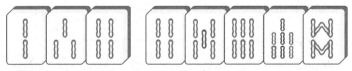

和三、六、九条：二、三、四条组成顺子，四、五、
六、七、八条组成 5 连张。

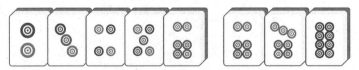

和一、四、七饼：六、七、八饼组成顺子，二、三、
四、五、六饼组成 5 连张。

如果8张数字相连的牌包含1个对子，并且对子位于中间，两边均有3个相连的单牌，这种情况与对子位于两边一样，只能将对子左右两边的组合成顺子，双碰和对子本身与将牌。

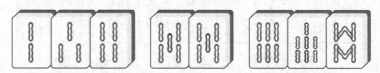

和五条与将牌：二、三、四条，六、七、八条组成顺子，双碰五条和将牌。

（2）含2个对子

如果8张数字相连的牌包含2个对子，并且对子相连在一边，可看成5+3的组合，其中3张牌组合顺子，有2个叫。

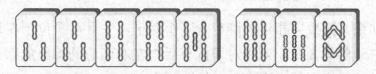

和二、五条：六、七、八条组成顺子，和二、五条。

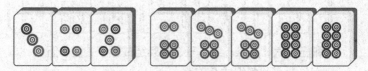

和六、九饼：三、四、五饼组成顺子，和六、九饼。

如果 8 张数字相连的牌包含 2 个对子，并且对子相连，从左边或右边的第 2 张开始，可看成 5+3 或 6+2，有 3 个叫。

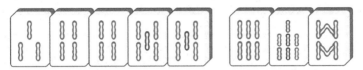

看成 5+3 时和三、六条：六、七、八条组成顺子，和三、六条。

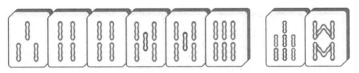

看成 6+2 时和六、九条：三、四、五条，四、五、六条组成 2 个顺子，和六、九条。

如果 8 张数字相连的牌包含 2 个对子，并且对子相连且位于中间，左右有 2 张相连的单牌。可将对子拆分后与左右两边的牌组成顺子。有 2 个叫，分别是对子相邻的 2 张牌。

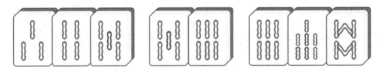

和四、七条：三、四、五条，六、七、八条组成顺子，和四、七条。

如果 8 张数字相连的牌包含 2 个对子，1 个对子在一边，另一个对子与其相隔 1 张牌。只有 1 个叫，即两个对子中间那张牌。

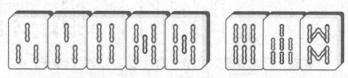

和四条：六、七、八条组成顺子。

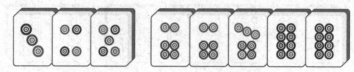

和七饼：三、四、五饼组成顺子。

如果 8 张数字相连的牌包含 2 个对子，1 个对子在一边，另一个对子与其相隔 2 张牌。只有 2 个叫，即双碰边上的对子和将牌。

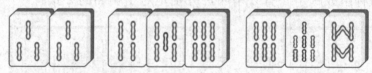

和三条与将牌：四、五、六条，六、七、八条组成 2 组顺子。

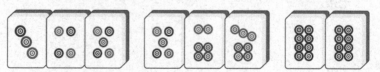

和八饼与将牌：三、四、五饼，五、六、七饼组成 2 组顺子。

如果 8 张数字相连的牌包含 2 个对子，1 个对子在一边，另一个对子与其相隔 3 张牌，此牌型没有下叫，不能和牌。

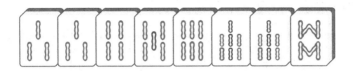

当一对三条成对子，四、五、六条组成顺子，还剩七、七、八条，不能成组；

当三、四、五条，六、七、八条组成顺子，还剩三、七条，不能成搭子。

如果 8 张数字相连的牌包含 2 个对子，2 个对子分别在两边，此牌型没有下叫，不能和牌。

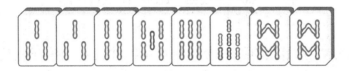

当一对三条单独 1 组，四、五、六条组成顺子，还剩七、八、八条，不能成组；

当三、四、五条，六、七、八条组成顺子，还剩三、八条，不能成搭子。

如果8张数字相连的牌包含2个对子，并且对子不在两边，之间相隔1张牌，可看成6+2的组合将对子拆分后与左右两边的牌组成顺子，有2个叫。

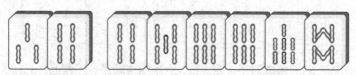

和二、五条：四、五、六条，六、七、八条组成2组顺子。

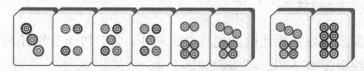

和六、九饼：三、四、五饼，五、六、七饼组成2组顺子。

如果8张数字相连的牌包含2个对子，并且对子不在两边，之间相隔2张牌，此牌型没有下叫，不能和牌。

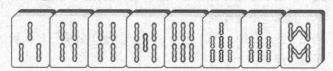

当三、四、五条，六、七、八条组成2组顺子，还剩四、七条，不能成搭子。

（3）含3个对子

如果8张数字相连的牌包含3个相连的对子，对子在一边，其左或右有2张相连的单牌。可看成5+3的组合，有3个叫。

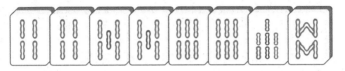

和三、六、九条：把四、五、六条组成顺子，将四、
五、六、七、八条组成5连张，和三、六、九条。

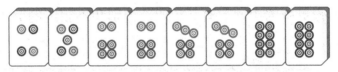

和三、六、九饼：把六、七、八饼组成顺子，将四、
五、六、七、八饼组成5连张，和三、六、九饼。

如果8张数字相连的牌包含3个相连的对子，对子在中间，可看成5+3的组合，有3个叫。

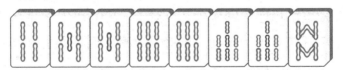

和三、六、九条：把五、六、七条组成顺子，四、五、
六、七、八条组成5连张，和三、六、九条。

如果8张数字相连的牌包含3个对子，其中有2个对子相连，另一个对子在两张单牌的中间。此牌型没有下叫，不能和牌。

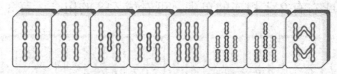

此牌型无论怎样组合，都不能满足下叫条件。

如果8张数字相连的牌包含3个对子，其中有2个对子相连，且在两张单牌的中间。有2个叫，分别和不相连的对子以及将牌。

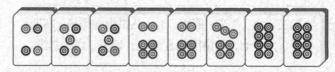

和八饼以及将牌：四、五、六饼，五、六、七饼组成2组顺子，双碰和八饼与将牌。

如果8张数字相连的牌包含3个对子，其中有2个对子相连，且2张单牌在对子的中间。此牌型没有下叫，不能和牌。

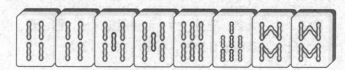

此牌型无论怎样组合，都不能满足下叫条件。

154

如果 8 张数字相连的牌包含 3 个对子，对子分别被两张单牌分开，此牌型没有下叫，不能和牌。

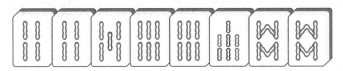

此牌型无论怎样组合，都不能满足下叫条件。

（4）含 4 个对子

如果 8 张数字相连的牌包含 4 个相连的对子，有 3 个叫，分别是两端的对子以及将牌。

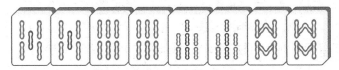

和五、八条以及将牌：当五、六、七条组成 2 组顺子时，双碰和八条与将牌；当六、七、八条组成 2 组顺子时，双碰和五条与将牌。

▶ 8 张数字相连的牌中含刻子

如果 8 张牌数字相连并含有刻子，当刻子的位置和数量不同，其和牌会不同，如果还包含对子，随着对子的数量和位置变化，和牌也会跟着变化。

（1）含 1 个刻子和连张

如果 8 张数字相连的牌包含 1 个刻子，并且刻子在一边，可看成 5+3 或 6+2 的组合，有 4 个叫。

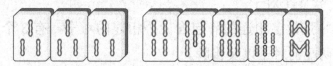

和三、六、九条与将牌：3 个三条组成 1 组时，四、五、六、七、八条组成 5 连张，和三、六、九条。三、四、五条组成 1 组时，六、七、八条组成 1 组，和三条与将牌。

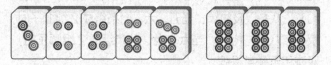

和二、五、八饼与将牌：3 个八饼组成 1 组时，三、四、五、六、七饼组成 5 连张，和二、五、八饼。三、四、五饼组成 1 组时，六、七、八饼组成 1 组，和八饼与将牌。

如果 8 张数字相连的牌包含 1 个刻子，刻子在左边或右边第 2 张，可看成 6+2 的组合，有 2 个叫，分别是刻子本身以及将牌。

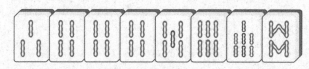

和四条与将牌：三、四、五条，六、七、八条组成 2 组顺子，双碰和四条与将牌。

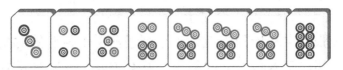

和七饼与将牌：三、四、五饼，六、七、八饼组成2组
顺子，双碰和七饼与将牌。

如果8张数字相连的牌包含1个刻子，刻子在左边第3张或
第4张（右边第3张或第4张），可看成6+2的组合，有3个叫，
分别是将牌、刻子本身以及与2张单牌一边相邻的牌。

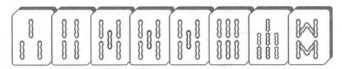

和将牌与二、五条：三个五条组成1组时，和二、五条；
三、四、五条组成1组时，双碰和五条与将牌。

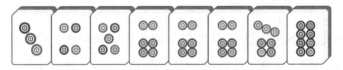

和将牌与六、九饼：三个六饼组成1组时，和六、九饼；
六、七、八饼组成1组时，双碰和六饼与将牌。

（2）含 1 个刻子和 1 个对子

如果 8 张数字相连的牌包含 1 个刻子和 1 个相连的对子，刻子在一边，可看成 6+2 的组合，有 2 个叫，分别是将牌与对子本身。

和四条与将牌：3 个三条组成 1 组，双碰和四条与将牌。

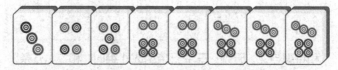

和六饼与将牌：3 个七饼组成 1 组，双碰和六饼与将牌。

如果 8 张数字相连的牌包含 1 个刻子和 1 个对子，刻子在一边，与对子相隔 1 张牌，可看成 6+2 的组合，有 3 个叫，分别是将牌、刻子本身，以及与对子相连但不与刻子相连的那张牌。

和三、六条以及将牌：当 3 个 3 条组成 1 组，五、六、七条组成顺子时，和三、六条；当三、四、五条，五、六、七条组成 2 组顺子时，双碰和三条与将牌。

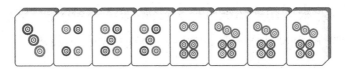

和四、七饼以及将牌：当3个七饼组成1组，三、四、五饼组成顺子时，和四、七饼；当三、四、五、六、七饼组成2组顺子时，双碰和七饼与将牌。

如果8张数字相连的牌包含1个刻子和1个对子，刻子在一边，与对子相隔2张牌，可看成6+2的组合，有2个叫，分别是与另一边上2张牌左右相邻的牌。

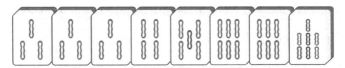

和五、八条：3个三条组成1组，四、五、六条组成顺子。

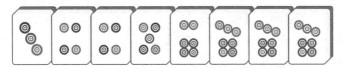

和二、五饼：3个七饼组成1组，四、五、六饼组成顺子。

如果8张数字相连的牌包含1个刻子和1个对子，分别在两边，可看成6+2的组合，有2个叫，分别是对子与将牌。

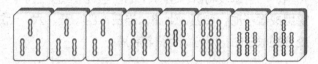

和七条与将牌：3个三条组成1组，四、五、六条组成顺子，双碰和七条与将牌。

如果8张数字相连的牌包含1个刻子和1个与之相连的对子，刻子在一边的第2张，可看成6+2的组合，有2个叫，分别是刻子与将牌。

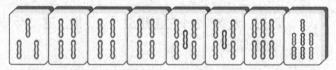

和四条与将牌：三、四、五条，五、六、七条组成2组顺子，双碰和四条与将牌。

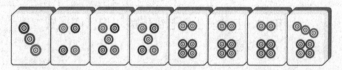

和六饼与将牌：三、四、五饼，五、六、七饼组成2组顺子，双碰和六饼与将牌。

如果8张数字相连的牌包含1个刻子和1个与之相连的对子，刻子在一边的第3张，可看成6+2的组合，有2个叫，分别是刻子或对子左边和对子或刻子右边的那张牌。

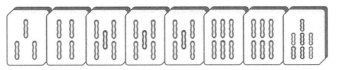

和四、七条：三、四、五条，五、六、七条组成2组顺子，两面和四、七条。

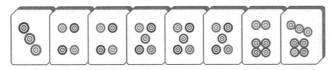

和三、六饼：三、四、五饼，五、六、七饼组成2组顺子，两面和三、六饼。

如果8张数字相连的牌包含1个刻子和1个对子，刻子在一边的第2张并与对子相隔1张牌，此牌型没有下叫，不能和牌。

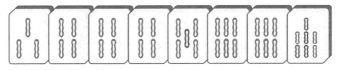

此牌型无论怎样组合，均不能满足下叫的条件。

如果 8 张数字相连的牌包含 1 个刻子和 1 个对子，刻子在一边的第 2 张，对子在另一边，此牌型没有下叫，不能和牌。

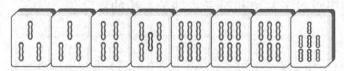

此牌型无论怎样组合，均不能满足下叫的条件。

如果 8 张数字相连的牌包含 1 个刻子和 1 个对子，刻子在一边的第 3 张，对子在另一边，只有 1 个叫，即刻子与对子之间那张牌。

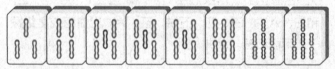

和六条：三、四、五条，五、六、七条组成 2 组顺子，和嵌张六条。

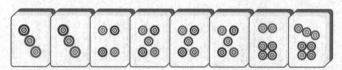

和四饼：三、四、五饼，五、六、七饼组成 2 组顺子，和嵌张四饼。

（3）含 1 个刻子和 2 个对子

如果 8 张数字相连的牌包含 1 个刻子和 2 个相连的对子，刻子
在一边，有 3 个叫，即和与对子左右相连的两张牌，以及将牌。

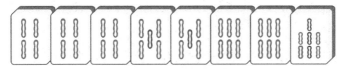

和四、七条以及将牌：当 3 个四条组成 1 组，五、六、七
条组成顺子时，两面和四、七条；当四、五、六条，五、六、
七条组成顺子时，双碰和四条与将牌。

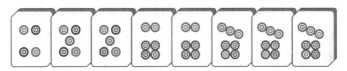

和四、七饼以及将牌：当 3 个七饼组成 1 组，四、五、六
饼组成顺子时，两面和四、七饼；当四、五、六饼，五、六、
七饼组成顺子时，双碰和七饼与将牌。

如果 8 张数字相连的牌包含 1 个刻子和 2 个对子，刻子在一边，
对子之间相隔 1 张牌。只有 1 个叫，即和对子之间的那张牌。

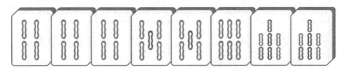

和六条：3 个四条组成 1 组，五、六、七条组成顺子，
和嵌张六条。

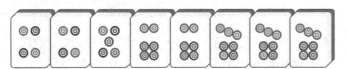

和五饼：3 个七饼组成 1 组，四、五、六饼组成顺子，
和嵌张五饼。

如果8张数字相连的牌包含1个刻子和2个对子，刻子在一边，并和对子相隔1张牌。有2个叫，即和对子左右两边相邻的牌。

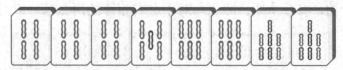

和五、八条：3个四条组成1组，五、六、七条组成顺子，两面和五、八条。

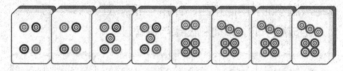

和三、六饼：3个七饼组成1组，四、五、六饼组成顺子，两面和三、六饼。

如果8张数字相连的牌包含1个刻子和2个对子，刻子在两个对子的中间。有2个叫，即和与单牌相连的对子以及与另一个对子相邻的牌。

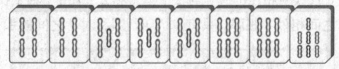

和三、六条：四、五、六条，五、六、七条组成2组顺子，两面和三、六条。

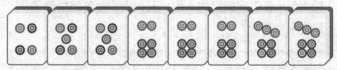

和五、八饼：四、五、六饼，五、六、七饼组成2组顺子，两面和五、八饼。

如果8张数字相连的牌包含1个刻子和2个对子，对子分别
在两边。此牌型没有下叫，不能和牌。

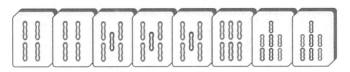

此牌型无论怎么组合，均无法满足下叫
的条件。

（4）含2个刻子和连张

如果8张数字相连的牌包含2个刻子，刻子相连在一边，有
3个叫，即和两张单牌左右相邻的牌以及将牌。

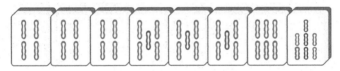

和五、八条以及将牌：当刻子单独成组时，双面和五、
八条；当五、六、七条组成顺子时，双碰和五条与将牌。

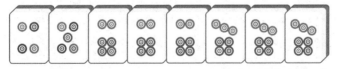

和三、六饼以及将牌：当刻子单独成组时，双面和三、
六饼；当四、五、六饼组成顺子时，双碰和六饼与将牌。

如果8张数字相连的牌包含2个刻子，刻子分别在两边，有3个叫，即和刻子本身与将牌。

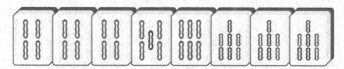

和四、七条以及将牌：当刻子单独成组时，双面和四、七条；当刻子分别与五、六条组成顺子时，可以双碰和刻子本身与将牌。

如果8张数字相连的牌包含2个刻子，刻子之间有1张单牌，有2个叫，即和2张单牌之间的刻子以及将牌。

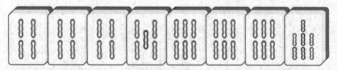

和六条以及将牌：3个四条组成1组，五、六、七条组成顺子，双碰和六条与将牌。

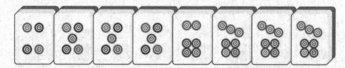

和五饼以及将牌：3个七饼组成1组，四、五、六饼组成顺子，双碰和五饼与将牌。

（5）含2个刻子和1个对子

如果8张数字相连的牌包含2个刻子和1个对子，对子在中间，有2个叫，即和对子本身与将牌。

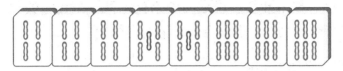

和五条以及将牌：刻子单独成组，双碰和五条
与将牌。

如果8张数字相连的牌包含2个刻子和1个对子，对子在一边，有3个叫，即和对子本身与另一边与刻子相邻的牌，以及将牌。

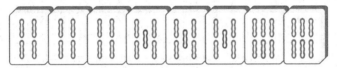

和三、六条以及将牌：当刻子单独成组，双碰和六条与
将牌；当四、五、六条组成2组顺子时，两面和三、六条。

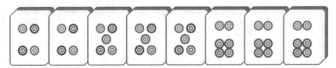

和四、七饼以及将牌：当刻子单独成组，双碰和四饼
与将牌；当四、五、六饼组成2组顺子时，两面和四、
七饼。

▶ 8 张数字相连的牌中含暗杠

如果 8 张牌数字相连含有暗杠，暗杠的位置不同，其和牌会不同，如果还包含对子和刻子，和牌也会随着数量和位置变化而变化。如果开杠，摸进的牌不同，其牌型也会变化，此处将只介绍有暗杠但是没有开杠的各种情况。

（1）含 1 个暗杠和连张

如果 8 张数字相连的牌包含 1 个暗杠，暗杠在一边，可看成 5+3 的组合，有 3 个叫，即和 5 连张左右相邻的牌，以及中间那张牌。

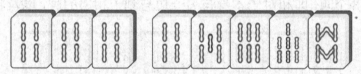

和三、六、九条：3 个四条组成 1 组，四、五、六、七、八条组成 5 连张，和三、六、九条。

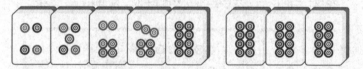

和三、六、九饼：3 个八饼组成 1 组，四、五、六、七、八饼组成 5 连张，和三、六、九饼。

如果 8 张数字相连的牌包含 1 个暗杠，暗杠在左边或右边的第 2 张，可看成 5+3 的组合，有 3 个叫，即和 5 连张左右相邻的牌，以及中间那张牌。

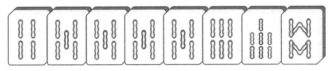

和三、六、九条：3 个五条组成 1 组，四、五、六、七、八条组成 5 连张，和三、六、九条。

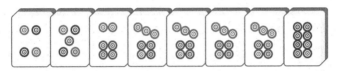

和三、六、九饼：3 个七饼组成 1 组，四、五、六、七、八饼组成 5 连张，和三、六、九饼。

如果 8 张数字相连的牌包含 1 个暗杠，暗杠在中间，可看成 5+3 或 6+2 的组合，有 4 个叫，其中 1 个是暗杠牌，即死叫，实际只能和 3 张牌。

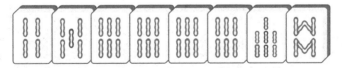

和三、九条以及将牌：当 3 个六条组成 1 组，四、五、六、七、八条组成 5 连张时，和三、九条；当一对六条与左右两边的牌分别组成顺子时，只能和将牌。

（2）含 1 个暗杠和 1 个对子

如果 8 张数字相连的牌包含 1 个暗杠和 1 个对子，暗杠在一边并与对子相连，有 2 个叫，即暗杠与对子左右相邻的牌。

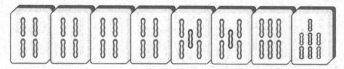

和三、六条：3 个四条组成 1 组，五、六、七条组成顺子，两面和三、六条。

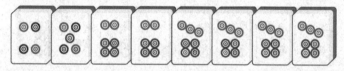

和五、八饼：3 个七饼组成 1 组，四、五、六饼组成顺子，两面和五、八饼。

如果 8 张数字相连的牌包含 1 个暗杠和 1 个对子，暗杠在一边，对子在两张单牌之间，有 2 个叫，即和暗杠与对子之间的牌以及一边与单牌相邻的牌。

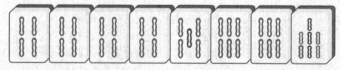

和五、八条：3 个四条组成 1 组，四、五、六条组成顺子，两面和五、八条。

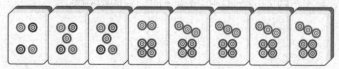

和三、六饼：3 个七饼组成 1 组，五、六、七饼组成顺子，两面和三、六饼。

如果 8 张数字相连的牌包含 1 个暗杠和 1 个对子，暗杠和对子分别在两边，可以看成 6+2 的组合，有 2 个叫，即和对子与将牌。

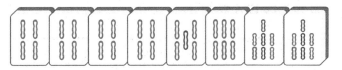

和七条以及将牌：3 个四条组成 1 组，四、五、六条组成顺子，双碰和七条与将牌。

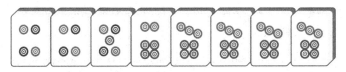

和四饼以及将牌：3 个七饼组成 1 组，五、六、七饼组成顺子，双碰和四饼与将牌。

（3）含1个暗杠和2个对子

如果8张数字相连的牌包含1个暗杠和2个对子，暗杠在一边，可以看成6+2或3+5的组合，有3个叫，其中1个是暗杠自身，是死叫，所以只能和2张牌。

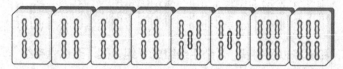

和七条与将牌：当3个四条组成1组，四、五、六条组成顺子时，和七条；当四、五、六条分别组成2组顺子时，和将牌。

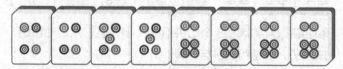

和三饼与将牌：当3个六饼组成1组，四、五、六饼组成顺子时，和三饼；当四、五、六饼分别组成2组顺子时，和将牌。

如果8张数字相连的牌包含1个暗杠和2个对子，暗杠在中间，此牌型只能和将牌。

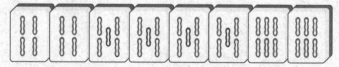

和将牌：虽然将四、五、六条分别组成2组顺子，能对碰和，但是五条已经全部在手，所以只能和将牌。

（4）含 1 个暗杠和 1 个刻子

如果 8 张数字相连的牌包含 1 个暗杠和 1 个刻子，暗杠在一边并与刻子相连，可以看成 6+2 的组合，有 2 个叫，双碰和刻子与将牌。

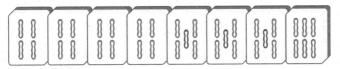

和五条与将牌：3 个四条组成 1 组，四、五、六条组成顺子，双碰和五条与将牌。

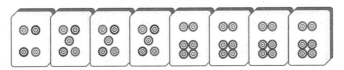

和五饼与将牌：3 个六饼组成 1 组，四、五、六饼组成顺子，双碰和五饼与将牌。

如果 8 张数字相连的牌包含 1 个暗杠和 1 个刻子，暗杠和刻子分别在两边，可以看成 6+2 的组合，有 3 个叫，和刻子、将牌，以及与暗杠另一边相邻的那张牌。

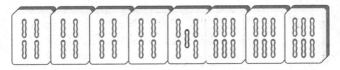

和三、六条与将牌：当 3 个四条组成 1 组，3 个六条为 1 组时，和三、六条；四、五、六条组成顺时，双碰和六条与将牌。

◎ *9 ~ 13 张牌*

前面详细介绍了同一花色中 4 张、5 张、7 张和 8 张牌不同组成的和牌情况。当牌的数量继续增加后，其组合形式会更加多样化。无论怎样变化，只要掌握了前面介绍的不同组合，就能够根据牌面情况选择听什么牌更有利于和牌，也能一目了然地看清是否听牌，以及需要和哪些牌。

比如当数量为 10 时，可以看成 3+7、4+6 或 2+8；当数量为 11 时，可以看成 3+8 或 6+5；当数量为 13 张时，可以看成 6+7。

玩麻将需要熟能生巧！在记住基本牌型后要灵活运用，不能生搬硬套呀！

"张张可和"的清一色

通常初级玩家当手上同一花色的牌较多时，总想做清一色，做清一色并不那么容易。即使手中的牌都换成了同一花色，也很容易出现下不了叫，或者还没下叫其他玩家就和牌了；还会出现自己根本不知道怎么舍牌，下叫了也不知道，甚至自摸了也不清楚等情况。

唉！每当做清一色时就手忙脚乱，不知道该怎么打牌了。

所以对于初级玩家，一般不要刻意做清一色，如果确实手气不错，能快速将13张牌都换成同一花色的，这时可以将牌分成6+7来看，这样就容易看清楚怎么舍牌以及要和什么牌。

虽然和清一色不那么容易，但仍然具有很强的诱惑，如果能做成张张可和的清一色，其成就感将不言而喻！下面将介绍清一色中几种张张可和的牌型。

▶ **包含9张数字牌，其中幺九是分别有3张牌，其余是单牌连张。**

当3个一万和九万分别组成刻子时，二、三、四、五、六、七、八万组成7连张，三面钓将二、五、八万；

当3个一万组成刻子，七、八、九万组成顺子，一对九万做将牌时，二、三、四、五、六组成5连张，和一、四、七万；

当一对一万做将牌，一、二、三万组成顺子，3个九万做刻子时，四、五、六、七、八万组成5连张，和三、六、九万。

▶ 9张数字牌中不包含幺九牌，其中数字2
的牌有3张，数字6的牌有2张，数字7
的牌有4张，其余是单牌。

当一对二万做将牌，3个七万做刻子，六、七、八万组
成顺子时，二、三、四、五、六组成5连张，和一、四、
七万；

当3个二万和3个七万做刻子，如果六、七、八万组
成顺子，三、四、五、六组成4连张，和三、六万；
如果一对六万做将牌，三、四、五万组成顺子时，和六、
九万；

当3个二万做刻子，一对七万做将牌，六、七、八万
组成顺子时，三、四、五、六、七万组成5连张，和二、
五、八万。

▶ 9张数字牌中不包含幺九牌，其中数字是3
的牌有4张，数字是4的牌有2张，数字
是8的牌有3张，其余都是单牌。

当3个三万和3个八万做刻子，如果二、三、四组
成组顺子，四、五、六、七万组成4连张，和四、
七万；如果一对四万做将牌，五、六、七万组成顺子时，
和一、四万；

当一对八万做将牌，3个三万做刻子，二、三、四万组
成顺子时，四、五、六、七、八万组成5连张，和三、
六、九万；

当一对三万做将牌，3个八万做刻子，二、三、四组成
顺子时，三、四、五、六、七万组成5连张，和二、五、
八万。

▶ 9 张数字牌中不包含幺九牌，其中数字是 3
和 7 的牌是分别有 4 张，其余都是单牌。

当 3 个三万和 3 个七万做刻子，二、三、四、五、六、
七、八万组成 7 连张，和二、五、八万；

当一对三万做将牌，3 个七万做刻子，三、四、五、六、
七、八万组成两组顺子时，和一、四万；

当 3 个三万做刻子，一对七万做将牌，二、三、四、五、
六、七万组成两组顺子时，和六、九万。

▶ 9 张数字牌中不包含幺九牌，其中数字是 4 和 6 的牌分别有 4 张，其余都是单牌。

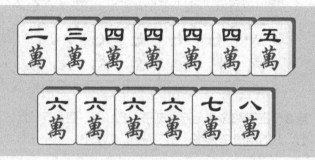

当 3 个四万和 3 个六万做刻子，二、三、四、五、六、七、八万组成 7 连张，和二、五、八万；

当 3 个四万做刻子，一对六万做将牌，六、七、八万组成顺子时，二、三、四、五、六万组成 5 连张，和一、四、七万；

当一对四万做将牌，3 个六万做刻子，二、三、四万组成顺子时，四、五、六、七、八万组成 5 连张，和三、六、九万。

▶ 9 张数字牌中不包含数字为 9 的牌，其中数字是 1 的牌有 3 张，数字是 6 的牌有 4 张，其余都是单牌。

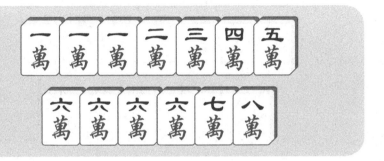

当 3 个一万和 3 个六万做刻子，二、三、四、五、六、七、八万组成 7 连张，和二、五、八万；

当 3 个一万做刻子，一对六万做将牌，六、七、八万组成顺子时，二、三、四、五、六组成 5 连张，和一、四、七万；

当一对一万做将牌，3 个六万做刻子，一、二、三万组成顺子时，四、五、六、七、八万组成 5 连张，和三、九万。

▶ 9张数字牌中不包含数字为1的牌，其中数字是2的牌有3张，数字是7的牌有4张，其余都是单牌。

当3个二万和3个七万做刻子，三、四、五、六、七、八、九万组成7连张，和三、六、九万；

当3个二万做刻子，一对七万做将牌，七、八、九万组成顺子时，三、四、五、六、七组成5连张，和二、五、八万；

当一对二万做将牌，3个七万做刻子，七、八、九万组成顺子时，二、三、四、五、六万组成5连张，和一、四、七万。

▶ 9张数字牌中不包含数字为1的牌，其中数字是4的牌有4张，数字是9的牌有3张，其余都是单牌。

当3个四万做刻子，一对九万做将牌，七、八、九万组成顺子时，二、三、四、五、六万组成5连张，和一、四、七万；

当3个四万和3个九万做刻子，二、三、四、五、六、七、八万组成7连张，和二、五、八万；

当3个九万做刻子，一对四万做将牌，二、三、四万组成顺子时，四、五、六、七、八万组成5连张，和三、六、九万。

▶ 9张数字牌中不包含数字为9的牌，其中数字是3的牌有4张，数字是8的牌有3张，其余都是单牌。

当3个三万和3个八万做刻子时，一、二、三、四、五、六、七万组成7连张，和一、四、七万；

当3个八万做刻子，一对三万做将牌，一、二、三万组成顺子时；三、四、五、六、七万组成5连张，和二、五、八万；

当3个三万做刻子，一对八万做将牌，一、二、三万组成顺子时，四、五、六、七、八万组成5连张，和三、六、九万。

第四章

麻将常用术语和
牌谱词汇

麻将常用术语

● **盘**

每次起牌到和牌或荒牌为一盘。

● **圈**

四人各当一次庄家为一圈。

● **门风**

玩家每盘坐位的标志。庄家为东风，下家为南风，对家为西风，上家为北风。

● **令风**

开局后第一圈为东风令，第二、三、四圈分别为南、西、北风令，所以叫令风。

● **圈风**

每局比赛圈数的标志，第一圈为东风圈，第二圈为南风圈，第三圈为西风圈，第四圈为北风圈。

● **定庄**

利用投骰子（投色子）、抽签或翻牌（东、南、西、北）等方法，确定坐在东面位置的为庄家，由庄家第一个投骰和开牌。

● **庄家**

门风是东的为庄家。

● **旁家**

指除庄家外的玩家。

● **连庄**

通常庄家和牌可以连续坐庄，连续次数不受限制，只有当旁家和牌，庄家才下庄。

● **臭庄**

庄家因失误或没有和牌而失去继续坐庄的资格，称为臭庄。

● **洗牌**

又称搓牌，指玩家搓动麻将使顺序打乱。

● **码牌**

牌手将自己面前的牌码成 17 墩，上下两层共 34 张，砌成一道横放的牌墙。

● 墩

上下相摞 2 张牌为 1 墩。

● 摞

相连的 2 墩 4 张牌为 1 摞。

● 牌墙

4 人各自在门前码成 17 墩牌，即称牌墙。

● 投骰

投骰又叫投色子，指牌手把骰子一次性地掷放在牌池当中，以便按规定开牌。

● 行牌顺序

指依座次的逆时针方向进行抓牌、出牌、吃牌、碰牌、杠牌、补杠、和牌等。

● 开牌

开牌是由两次投骰子的点数之和确定在一道牌墙中分开的位置，由庄家开始抓牌。

● 行牌

指开牌到和牌之间的过程，即包括开牌、抓牌、出牌、吃牌、碰牌、开杠以及和牌等。

● 抓牌

抓牌又称摸牌。开牌后轮流各自摸 4 次，前 3 次每次取 4 张后，庄家跳牌抓 2 张，旁家各抓 1 张。在打牌过程中每人依序抓 1 张。

● 跳牌

跳牌又称跳张，指每一盘开牌庄家第 4 次抓牌时要抓第 1 和第 3 墩上层的牌共 2 张，中间隔 1 墩。

● 理牌

指玩家抓满牌后，按照类别和顺序进行分类整理。

● 吃牌

当上家舍出的牌能和手中的 2 张牌组成顺子，这时即可吃牌，吃牌后要舍出 1 张牌。如果同时有其他玩家要碰所吃的牌，只能让别人碰牌。

● 碰牌

玩家舍出的牌刚好和手中的两张牌一样，可以碰牌组成刻子，碰牌后需舍出 1 张牌。

● 杠牌

当自己摸到 4 张相同的牌，或玩家舍出的牌刚好和手中的 3 张牌一样，这时可以杠牌，杠牌后需要摸 1 张牌，然后再舍 1 张。

● 明杠

当玩家舍出的牌与手中的暗刻相同，或自己摸进与已碰的牌相同时，即可开杠。明杠需放在自己前方。

● 暗杠

当自己摸进四张相同的牌，即可开杠，暗杠应扣放在自己牌前。当一家和牌或荒牌时，必须亮明。

● 听牌

听牌是指只需要一张牌即能和牌的牌势状态。

● 报听

听牌之后立即宣布并不变叫牌，自摸和放炮都可以和牌，报听者和牌后要加分。

● 天和

庄家开牌后抓满 14 张牌就和牌。

● 舍牌

又称出牌，是指抓牌或吃、碰、杠后向外打出一张牌，使手牌保持规定的张数。

● 出铳

指给其他玩家点炮、放炮。

● 抢杠

当其他玩家刻子补杠的牌正是自己要和的牌，此时可以抢
杠和牌。

● 杠上花

指开杠后从杠上抓牌，形成和牌。

● 对杵

指手中的牌已经组成 3 组，另外 4 张牌是 2 个对子，2 个
对子中任意一张牌都可以和牌。

● 海底

指四面牌墙中间的地方，也称海池。

● 清海底

指各玩家把打出的牌在各自牌墙内一行 6 张或 7 张摆放整
齐，便于彼此观察。

● 混海底

指各玩家把打出的牌随意无序地放在海底。

● 字牌

指风牌和三元牌，风牌为东风、南风、西风和北风；三元牌为红中、发财和白板。

● 花牌

指春、夏、秋、冬、梅、兰、竹、菊8张牌。

● 绘

又称"听用"，是为了增加和牌机会而规定的，可以代替34种牌中的任何一种。

● 幺九牌

指序数牌中的一、九及字牌。

● 老头牌

指序数牌中的一与九。

● 幼牌

是指序数牌中1～4张的牌张。

● **五魁**

天津等北方地区把五万称为五魁。

● **筋线牌**

指序数牌的一、四、七，二、五、八，三、六、九等各组牌。

● **中心张**

一般指序数在中间的牌，如三、四、五、六、七等序数牌。

● **中张牌**

指序数牌中 2 ～ 8 各张牌。

● **搭子**

指 2 张相连或间隔 1 张的序数牌，如四万与五万，三条与五条。

● **边搭**

指需要边张的搭子，如一条与二条，八万与九万等边搭。

● **坎搭**

指需要坎张的搭子，如五条与七条，四饼与六饼等坎搭。

● 将头

将头也称将牌，按基本牌型和牌时必须具备的对子。

● 副

指 3 张同花色序数相连或相同的牌。

● 面子

手牌中凡是能组成对子、搭子、边搭、坎搭的牌式，都称面子。

● 顺子

指 3 张同花色序数相连的牌。

● 刻子

指 3 张相同的牌。

● 明刻

指已碰出的 3 张相同的牌。

● 暗刻

指通过自己摸到的 3 张相同的牌。

● 憋风

指东风、南风、西风和北风各 1 张。

● 手牌

指摆在自己门前的牌，包括立牌和已亮明的牌副。手牌标准数为 13 张。

● 独张

指不成对、不成副的单独的牌。

● 生张

指没有亮明，通常牌面没有出现过的牌。

● 熟张

指与已亮明的牌相同或相关的几张牌。

● 随张

指与上家舍出相同的或类似的牌。

● 死张

指已经放到海底的所有的牌，又称"尸张"。

● 坎张

又称"嵌张"，指组成 1 组顺子的中间那张序数牌。

● 碰张

指一人打出牌，另一人可以报碰的牌。

● 边张

指有 1 与 2 或 8 与 9 两张序数牌，能与 3 或 7 序数组成顺子，3 或 7 序数牌就是边张。

● 顺张

指一副搭子两边可吃的牌，如五万与六万构成顺搭，四万或七万是顺张。

● 叠张

指两副顺子中有 2 张牌相同，如有三万、四万与五万一副顺子，又有五万、六万与七万一副顺子，其中 2 张五万就是叠张。

● 艰张

指通过拆对子、拆搭子打出的牌，主要是为了不出险张放炮。

● **尖张**

指既是生张又是中心张的牌。

● **上张**

上张指摸进了自己需要的牌。

● **喂张**

指打出其他玩家要吃或要碰的牌。

● **对子**

指两张相同的牌。

● **单钓**

又称"单骑"，只钓某一张牌即可和牌。

● **双钓**

又称"两头钓"。同花色依序4张牌为听牌状态时，钓首尾2张牌中的任一张即可和牌。

● 三钓

三钓又称"三头钓"。同花色依序 7 张牌为听牌状态时，钓首尾 2 张牌以及 7 张牌中间的那张即可和牌。

● 多头钓

指钓 3 张以上的牌可以成和。如十三幺听牌，手中无将牌时，可以钓与手中 13 张幺九牌中任何相同的 1 张牌，又称"十三钓"。

● 相公

当出现多或少 1 张牌的称为相公，当了相公不能和牌。少 1 张为小相公，多 1 张为大相公。

● 尸牌

指被各家舍出的牌。

● 一入听

只要 1 张所需要的牌就可以听牌。

● 落地开花

又称"落地无悔"，指打出牌一触及海底，便不得反悔。

麻将牌谱词汇

● 头不吃

起手配牌一般比较杂乱，如果玩家打出头一张就开吃开碰，会影响后面的牌面，所以通常玩家打出的第一张牌不吃。

● 痴必败

在玩牌时如果总想做大牌，往往会被别人捷足先登，最后必然要失败。

● 控边张

尖张牌 3 和 7 是组牌中的要牌，如果能迟舍出绝不早舍，以达到其余玩家拆舍边搭的目的。

● 以和为贵

玩牌时能和即和，既可增加自己的信心，又可动摇其余玩家做大牌的信心。

● 不可妄碰

碰牌有时会增加组牌困难。多碰一次，就可能缩小一些组牌的范围，所以不能逢对必碰。

● **不贪不险**

如果一味贪图高番数和牌，点炮的风险就会太大，所以不能贪大。

● **慢吃快碰**

吃牌要慎重些，不要急于亮牌；如果想碰牌就应尽快报碰。

● **先手三招**

又称前三招或开牌三招，开牌第 1 巡抓牌，第 2 巡观察，第 3 巡思考， 简称"1 巡抓，2 巡看，3 巡想"。

● **承上启下**

如果手牌有四、六万与五、七条，上家曾舍出过四万，下家曾舍出过五条，自己舍牌时，当选择五、七条，以等待上家可能舍出五万，而对顶下家舍出的五条。这样既有机会吃上家的舍牌，又不给下家吃牌的机会。

● **好牌先打**

开牌后尽快打出不能成副的中心张，尽量减少后面被玩家碰、吃的机会，也减少自己放炮的风险。

● 金三银七

主要用来形容 3 与 7 序数牌在麻将组牌中的重要性。

● 甩字切边

是指舍牌时先打字牌，然后打幺九牌。

● 四风连打

在舍牌的第 1 巡中，同一花色风牌或三元牌，被四家连续舍出，并无吃碰间隔，叫作"四风连打"，当出现这种情况时，可推倒重来或按照约定继续。

● 细算和张

当出现连续牌型的听张牌姿时，应仔细看清可和的牌，以免出现和牌了却不知道的情况。

● 调碰对家

当自己摸牌极为不顺时，只要对家打出的牌能碰就碰，这样可以摸调转换,对家的摸牌顺序变成自己的,以转换手气。

● 戒剩单骑

尽量避免因吃碰牌导致最后只剩 1 张牌单钓，其原因一是最后舍牌时可能被其他玩家猜中我们需要的牌，二是当摸到危险牌后必须舍一张从而增加放炮危险。

● 四连拆熟头

当摸进形成四边面的牌，要打一路熟张。

● 二八不轻动

因为序数牌二与八容易与其他牌兜搭，通常不要轻易舍出。

● 留生宁拆搭

当各玩家进入听张阶段，如果和牌希望小，当摸进生张后宁可不打，要拆搭追熟，以免放炮。

● 打熟不打生

当摸到险牌后，舍牌时要舍熟张，不要率先打出生张。

● 摸牌随手放

刚摸入的牌不要马上插入竖牌内，先放在一边，等舍牌后再插入牌中，以避免其他玩家猜到自己的牌。

● **乱牌忌吃碰**

即使多次吃碰也很难和牌，这种情况最好多摸牌，不要乱吃碰。

● **自摸听生张**

如果希望自摸，最好听生张。

● **双碰不如嵌**

虽然双碰成和与嵌张成和在理论上都有 4 张牌，但玩家通常不会拆对子，所以被舍出的机会也较小。

● **要避重就轻**

如果自己没有和牌希望，应尽量避开做大牌的玩家，放炮给做小牌的玩家，这样失分最少。

● **四副摊明必钓中**

如果已经有四副牌亮明，多数情况下大家钓将会钓边张或幺九张，如果钓中心张和尖张，反而更能容易和牌。

● **宁不和，不放炮**

如果玩家已经做成大牌，自己摸到了危险放炮牌，这时宁可放弃听牌，舍出熟张，也不舍出危险牌。

● 上不打，下不摸

有人喜欢在上家还未舍牌时就去摸牌，如果舍出的牌有玩家要碰，就会知道这张牌是什么，对该玩家不利。所以通常会约定"上家不打，下家不摸"的规矩。

● 牌不顺要养，心不顺要稳

行牌不顺利时不要急于吃或碰牌，顺其自然，能小和就和牌。当心情不好时更不能急躁。

● 先打幺，后打缺，然后再做清一色

如果确定不做带字牌和幺九牌的番种时，应先舍出字牌和幺九牌，进一步可以做成缺一门，最后再根据摸牌情况确定是否做清一色。